To my mother FH and my brother Zizou, you advised me to write a book, here's my second book dedicated to you. You were a great source of inspiration.

Your Guide to A Level French Exam Skills. Copyright © 2019 by Ben Zian. All rights reserved. This book or any portion thereof may not be reproduced without the express written permission of the publisher except for the use of brief quotation in a book review.

Table of contents

Paper 3 Speaking Exam — *5*
Part 1 Discussion (5-6 minutes) — *5*
Carte A — *8*
Carte B — *10*
Carte C — *12*
Carte D — *14*
Carte E — *16*
Carte F — *18*
Carte G — *20*
Carte H — *22*
Carte I — *24*
Carte J — *26*
Carte K — *28*
Part 2 Individual Research Project (11-12 minutes) — *30*
List of suggested IRP: — *31*
Paper 2 Writing — *36*
La Haine Essay 1 — *51*
La Haine Essay 2 — *52*
La Haine Essay 3 — *54*
La Haine Essay 4 — *55*
Albert Camus- L'Etranger Essay — *57*
Paper 1 — *63*
Writing listening summary: — *63*
Writing reading summary: — *64*
Translations — *66*

Vocabulary	*83*
Family	*83*
La cyber-société	*86*
Le bénévolat	*89*
Le patrimoine	*92*
La Musique francophone	*94*
Le cinéma	*95*
Les marginalisés	*97*
La criminalité	*99*
Les ados et le droit de vote	*102*
Manifestation et grèves	*105*
Immigration	*107*

Paper 3 Speaking Exam

Timing total 21-23 minutes

The oral exam will last between 16-18 minutes, it consists of two parts, part 1 (Discussion about the stimulus card) and part 2 (Discussion about the independent research project) plus 5 minutes preparation. The 5 minutes' preparation time will take place in the examination room in the presence of the examiner. Students may make notes during the preparation period.

As soon as you enter the room, the examiner will give you two cards, pick the card that you think you are confident to talk about,, the examiner will then give you the speaking preparation form so you can use it to jot down your notes, you can use the notes during the part 1conversation..

This is the outline of the timings:

- **Preparation** *time: 5 minutes*
- **One Stimulus Card**: *5-6 minutes.*
- **Presentation** *of Individual Research Project: 2 minutes*
- **Discussion** *based on Individual Research Project: 9-10 minutes*

The maximum marks awarded for this exam is 60 (25 for the card and 35 for the Independent Research Project) and it's worth 30% of the A Level. You can find a more detailed explanation of the mark scheme below.

Part 1 Discussion (5-6 minutes)

The examiner will ask you the printed questions on the card which you have selected (There are three questions), then he/she will ask you follow-up questions in between the printed questions or after the third question from the card.

You are required to ask the examiner two adequate questions during the conversation, and they cannot be something like (Et vous?), they need to be full questions like (qu'est-ce que vous pensez de......?).You are advised to prepare them during your preparation time which arise from the material and to ask examiner these questions at an appropriate point during the discussion.

In order to meet the requirement, the two questions must seek information or opinion. Asking for clarification or repetition will not meet the requirement.

Your questions must contain a conjugated verb. Re-phrasing or repetition of the printed questions will not meet the requirement.

The examiner should give a brief response to your questions (do not be offended if the examiner will say I do not know, you are the person to be examined and their response do not count). The examiner will then ask further questions relating to the sub-theme.

The discussion of the sub-theme must last for 5 minutes and you may refer during the discussion to any notes made during the preparation period (you can use the preparation sheet during this conversation).

Part 1- The stimulus card

1) **Delivery**

Mark	Description
5	Delivery is **fluent throughout**. The ideas and opinions **expressed are always developed**. Students respond to nearly **all unpredictable elements**.
4	Delivery is **mainly fluent**. The ideas and opinions **expressed are mostly developed**. Students respond to **most unpredictable elements**.
3	Delivery is **sometimes fluent**. The ideas and opinions expressed are **sometimes developed**, Students respond to **some unpredictable elements**.
2	Delivery is **occasionally fluent**. The ideas and opinions expressed are **occasionally developed**. Students respond to a **few unpredictable elements**.
1	Delivery **is rarely fluent**. The ideas and opinions expressed are **rarely developed**. Students respond **to very few unpredictable elements**.
0	Nothing is worthy of a mark

2) **Response**

Mark	Description
5	Students' responses show that they have a **very good understanding** of the material on the card.
4	Students' responses show that they have a **good understanding** of the material on the card.
3	Students' responses show that they have **some understanding of the material** on the card.
2	2 Students' responses show that they have **a limited understanding** of the material on the card.
1	Students' responses show that they have a **very limited understanding** of the material on the card
0	Nothing is worthy of a mark

**If a student only asks one question, a maximum of 4 marks can

3) **Language**

Marks	Description
9-10	Use **a wide range** of vocabulary, complex structure and idioms. **Highly accurate** application of grammar with occasional minor errors. Pronunciation and intonation **are very good**.
7-8	Use **a good range** of vocabulary, complex structure and idioms. **Mostly accurate** application of grammar with some minor errors. Pronunciation and intonation **are good**.
5-6	Use **some** variety of vocabulary and complex language is demonstrated. **Uneven** application of grammar. Pronunciation and intonation **are fairly good**.
3-4	**Little use** of vocabulary, complex structure and idioms. **Limited** application of grammar. Pronunciation and intonation are mostly **intelligible**.
1-2	**Very little** variety of vocabulary and structures is demonstrated. **very limited** application of

		grammar. Pronunciation and intonation **are poor.**
	0	Nothing is worthy of a mark

4) Critical and analytical response

Mark	Description
5	**Very good** critical and analytical response of those aspects of the sub-theme covered in the discussion. Students **consistently** select relevant information to support their arguments with justification of their conclusion.
4	**Good** critical and analytical response of those aspects of the sub-theme covered in the discussion. Students **most of the time** select relevant information to support their arguments with justification of their conclusion.
3	**Reasonable** critical and analytical response of those aspects of the sub-theme covered in the discussion. Students **sometimes** select relevant information to support their arguments with justification of their conclusion.
2	**Limited** critical and analytical response of those aspects of the sub-theme covered in the discussion. Students **occasionally** select relevant information to support their arguments with justification of their conclusion.
1	**Very limited** critical and analytical response of those aspects of the sub-theme covered in the discussion. Students **rarely** select relevant information to support their arguments with justification of their conclusion.
0	Nothing is worthy of a mark

In order to achieve the highest mark in part 1, you need to be able to demonstrate that you can deal with the unpredicted element by answering the follow-up questions that are not printed on the card, you need to express your opinions in a developed way and justify them, you need to demonstrate an excellent understanding of the card and you should be able to use a variety of vocabulary and complex structures (Passive voice, subjunctive, superlative, gerund ..etc).

***Note**- Most students loose marks during this part because they forget to ask the two questions, they do not use complex structures or when answering the third question printed on the card, they do not make it specific that they are referring to the French speaking country, you are advised to make it clear to the examiner for example you need to say (**En Suisse, ils ont adopté un système de**......).*

***Note-** I have always advised my students to prepare a template that they can use for all their speaking cards, they only need to change the information about the card, you will notice in the examples below that I used the same template, it will make your life easier as well as you will achieve the highest marks.*

They need to include complex structures: (They are in bold):
- ***Use of passive voice (1)***
- ***Use of Subjunctive (2)***
- ***Use of different pronouns (3)***
- ***Use of Superlative/Comparative (4)***
- ***Use of Si clause (5)***

- *Use of gerund/ Present participle (6)*
- *Use of infinitive /Infinitive past (7)*

Carte A

Theme	**Aspects of French speaking society- Current trends**
Sub-theme	**La famille en voie de changement**

Adoption monoparentales-la situation actuelle

Selon une enquête récente on a estimé que le nombre de couples de même sexe au Québec est à 130.000 et que 20% de ces couples vivent avec un enfant : soit 26000 enfants vivant dans une famille homoparentale.

1) Que dit-on ici sur le changement au sein de la famille au Québec ?
2) Que pensez-vous des informations données ici ?
3) Selon ce que vous savez, quelles sont les attitudes au Québec ou ailleurs dans le monde francophone envers l'homoparentalité ?

Examiner : Quelle carte vous avez choisi ?

Student : J'ai choisi la carte **A sur la famille en voie de changement.**

Examiner : Que dit-on ici sur le changement au sein de la famille au Québec ?

Student : **Après avoir lu les informations sur la carte (7), je pourrais dire que les informations mentionnées ici suggèrent** que selon une enquête récente au Québec il y a une hausse dans les mariages homosexuels, donc plus de couples du même sexe se marient de nos jours, de plus il y a près de 20% de famille monoparentale aujourd'hui au Québec.

Examiner : Que pensez-vous des informations données ici ?

Student : **Selon moi, Bien que** le Québec **soit (2)** traditionnellement une Provence Catholique, le mariage homosexuel reste toujours un sujet de controverse (polémique) parmi l'ancienne génération, **par contre** il n'est plus le cas aux yeux de la jeunesse aujourd'hui ce qui explique l'augmentation des mariages homosexuels **ainsi que** les familles monoparentales. **Selon moi** c'est un progrès dans le changement des mentalités au Québec, ce qui est important à mes yeux c'est de créer un ensemble soudé dans une famille et ne pas se méfier des apparences.

Student : Est-ce que vous-êtes pour ou contre le mariage pour tous (homosexuel) ?
Examiner : Je ne suis ni pour ni contre.
Student : à votre avis est-ce que les couples homosexuels devraient avoir le droit d'adopter un enfant ?

Examiner : S'ils veulent avoir des enfants, je ne suis pas contre.
Examiner : Selon ce que vous savez, quelles sont les attitudes au Québec ou ailleurs dans le monde francophone envers l'homoparentalité ?

Student : Ce que je sais par exemple en France il me semble qu'il y a toujours du travail à faire au niveau de permettre aux couples du même sexe d'adopter des enfants. J'estime qu'un couple de femmes ou d'hommes est tout à fait capable d'élever un enfant et lui apporter beaucoup d'amour.
Le plus important (4) est pour qu'il y **ait (2)** une bonne ambiance qui t'incite à rester attaché **ainsi que pour qu'on puisse** partager nos réussites et nos échecs, les moments de délires comme de moments sensibles. Selon moi c'est la vraie qualité d'une famille.
Des nouvelles lois ont été introduites par le gouvernement (1) actuel pour que les couples homosexuels puissent (2) se marier et peut-être bientôt adopter des enfants.

Examiner : Est-ce que vous ne pensez pas qu'une famille devrait avoir un père et une mère pour l'équilibre de l'enfant ?
Student : non je ne crois pas, d'abord **ce concept a été créé par les anciennes sociétés (1)**, *les couples hétéros élèvent bien des enfants homosexuels, alors pourquoi les homosexuels ne peuvent pas élever des enfants hétéros ?*

Examiner : Il y a des études qui mentionnent que les enfants ont besoin des deux parents ?
Student : Je ne pourrais pas être d'accord avec vous sur ce point vu que je connais

plusieurs enfants qui vivent avec des parents homosexuels et ils sont parfaitement normaux, **de plus** je connais d'autres qui vivent avec leurs deux parents et qui ne sont pas heureux, donc **le plus important (4)** pour moi est que les parents **soient (2)** capables. De donner de l'amour à leurs enfants.

Examiner : Merci beaucoup.
Student : de rien.

Carte B

Theme	**Aspects of French speaking society- Current trends**
Sub-theme	**La « cyber-société »**

Les sites de rencontres

Selon le journal L'Express dans sa publication en Juin 2018, beaucoup de français utilisent des sites de rencontres, ils existent des centaines sur internet et leurs applications ont envahi nos portables comme par exemple AdopteUnMec. C'est possible de trouver votre futur partenaire, mais il faut faire attention car il y a beaucoup de prédateurs en ligne.

1) Que dit-on ici au sujet des sites de rencontres ?
2) Que pensez-vous du message donné ici ?
3) Selon ce que vous savez, en France ou ailleurs dans le monde francophone comment les jeunes utilisent internet ?

Examiner : Quelle carte vous avez choisi ?

Student : J'ai choisi la carte **B sur La « cyber-société »**

Examiner : Que dit-on ici au sujet des sites de rencontres ?

Student : **Après avoir lu les informations sur la carte** (7), je pourrais dire que les informations mentionnées ici suggèrent que selon le journal L'Express en France, beaucoup **de sites de rencontres sont utilisés par des jeunes** (1) afin qu'ils **puissent** (2) trouver un partenaire. Bien qu'internet **soit** (2) utilisé de plus en plus par les jeunes aujourd'hui ainsi que beaucoup de jeunes ont fait des rencontres en ligne, cependant cela peut avoir des risques, vu qu'il faut qu'on **soit** (2) très vigilant.

Examiner : Que pensez-vous du message donné ici ?
Student: **Selon moi,** beaucoup de gens utilisent des sites de rencontres comme AdopteUnMec ou meetic **afin qu'ils puissent** rencontrer un partenaire, **ces sites sont beaucoup utilisés en France par les jeunes (1)**, ces jeunes se connectent de plus en plus et ils ont pratiquement abandonné les moyens traditionnels, **bien que** ce genre de site **soit** (2) répandue parmi les jeunes, **cependant** il y a des risques puisqu'on ne sait pas qui se cache derrière l'écran, il y a beaucoup d'escroquerie en ligne **et** des menteurs qui cherchent à nous demander de l'argent ou bien voler nos données personnelles. Il faut qu'**on fasse (2)** attention.

Examiner : Selon ce que vous savez, en France ou ailleurs dans le monde francophone comment les jeunes utilisent internet ?
Student : **Selon ce que je sais en France** les gens utilisent de plus en plus la technologie tous les jours pour obtenir des informations rapidement, **ou bien** pour avoir accès à des services en ligne, internet a changé la vie des gens d'une façon dramatique, car les jeunes maintenant l'utilisent pour réserver des tables aux restos, ils font des achats en ligne ainsi que réserver des vacances. L'aspect positif de la technologie est le fait que **ce soit (2)** rapide et le fait que ça aide à gagner du temps.

Examiner : Quels conseils vous pouvez me donner pour me protéger en ligne ?
Student : **Afin que Vous puissiez (2)** vous protéger en ligne, il faut changer les mots de passe d'une façon régulière, il ne faut pas ouvrir les pièces jointes avant de les scanner avec un anti-virus ainsi qu'éviter les sites web qui ne sont pas fiables.

Student : Est-ce que vous êtes pour ou contre les rencontres qui se font en ligne ?
Examiner : je suis contre, car il y a beaucoup de risques.
Student : à votre avis pourquoi les gens s'éloignent de nos jours de l'utilisation des moyens traditionnels et faire l'usage à internet ?
Examiner : Je ne sais pas, c'est trop compliqué.

Examiner : Merci beaucoup.

Student : de rien.

Carte C

Theme	**Aspects of French speaking society- Current trends**
Sub-theme	**Le rôle du bénévolat**

Association Pronatura

Plus, de 3000 bénévoles, de tout âge, agissent en faveur de la nature. Vous trouverez certainement l'engagement qui vous convient, qu'il s'agit d'un travail pendant une semaine de vacances ou d'une collaboration régulière, aucune expérience est nécessaire juste la motivation et l'envie de s'engager dans la nature. Nous nous réjouissons d'accueillir des bénévoles aussi passionnés que nous.

1) Que dit-on sur le bénévolat en Suisse ?
2) Que pensez-vous de cette initiative ?
3) Selon ce que vous savez, en France ou ailleurs dans le monde francophone, quelles sortes d'initiatives attirent plus de bénévoles ?

Examiner : Quelle carte vous avez choisi ?

*Student : J'ai choisi la carte **C sur Le rôle du bénévolat**.*

Examiner : Que dit-on sur le bénévolat en Suisse ?

*Student : **Après avoir lu les informations sur la carte (7), je pourrais dire que les informations mentionnées ici suggèrent** qu'il y a un certain type de bénévolat qui se concentre sur la nature et l'environnement, **le bénévolat est encouragé par la société en Suisse (1),** pour s'engager on n'a pas vraiment besoin d'avoir de l'expérience ou de connaissance, seulement la volonté et le désir de sauver et protéger la planète.*

Student : Est-ce que vous faites du bénévolat ?
Examiner : Oui je suis membre de l'association Cancer Research.

Examiner : Que pensez-vous de cette initiative ?

Student : **Selon moi,** c'est une initiative très importante vu qu'on est tous concerné par l'environnement, je pense que n'importe quelle initiative de faire du bénévolat ou aider quelqu'un est la bienvenue. La chose **la plus importante** pour moi est de protéger la planète. ***Si j'avais plus de temps, je ferais beaucoup de bénévolat. (5)***

Student : à votre avis pourquoi les gens font du bénévolat ?
Examiner : Chacun a ses raisons.

Examiner : Selon ce que vous savez, en France ou ailleurs dans le monde francophone, quelles sortes d'initiatives attirent plus de bénévoles ?

Student : Selon ce que e sais en France, il y a beaucoup d'associations vu que le bénévolat est une tradition française, beaucoup de gens croient que les restos du Cœur **étant (6)** juste des restos qui s'occupent de donner des repas chauds aux SDF, mais en fait c'est beaucoup plus que ça, ils aident les gens à apprendre à lire et écrire, ils offrent du travail aux Jardins du Cœur et ils aident les jeunes mères avec les soins pour les petits enfants.

Examiner : Pourquoi les jeunes de nos jours ne font pas assez de bénévolat ?

Student : Je ne pense pas que les jeunes ne sont pas intéressés au bénévolat, selon moi ils ne sont pas sensibilisés à l'importance de **ce dernier (3)**, beaucoup de jeunes ont d'autres préoccupations, ils s'intéressent à leur futur et ils ont des rêves à partager et à réaliser. Il faut **qu'on puisse (2)** leur expliquer que le bénévolat peut **leur (3)** donner de l'expérience du travail comme si c'était une formation.

Examiner: Merci beaucoup.
Student: de rien.

Carte D

Theme	Artistic culture in the French-speaking world
Sub-theme	*Une culture fière de son patrimoine*

Les inconvénients du tourisme

Le gouvernement essaie toujours de promouvoir le tourisme et augmenter la fréquentation aux sites historiques. Je comprends bien que le tourisme soit très important pour l'économie car les touristes dépensent leur argent dans les villes, en revanche il y a aussi beaucoup d'inconvénients, par exemple, les touristes exercent une pression sur les services publics, il y a une dégradation des sites comme La grotte de Lascaux.

1) Que dit-on sur les sites du patrimoine culturel?
2) Quelle est votre réaction aux informations sur cette carte?
3) Selon ce que vous savez, en France ou ailleurs dans le monde francophone, quelle est l'importance du patrimoine culturel?

Examiner: Quelle carte vous avez choisi?
Student: J'ai choisi la carte **D sur une culture fière de son patrimoine.**

Examiner: Que dit-on sur les sites du patrimoine culturel?

Student: **Après avoir lu les informations sur la carte (7) , je pourrais dire que l'économie est stimulé par le tourisme (1)**, il y a aussi des dangers que les touristes peuvent exercer sur les sites et endommager ce patrimoine, ils ont cité les grottes de Lascaux qui sont fermés depuis des années à cause du changement de l'atmosphère et de la sur-fréquentation, **pour cela** ils ont reproduit Lascaux 2 et Lascaux 3 dans d'autres villes **pour que** les touristes **puissent (2) les (3)** visiter et protéger l'original.

Student: Est-ce que vous pensez que le tourisme va affecter le patrimoine de demain?
Examiner: Oui je pense.

Student: Que proposeriez-vous comme solution pour protéger le patrimoine?
Examiner: Je ne suis pas une spécialiste donc, je n'ai pas une solution.

Examiner: *Quelle est votre réaction aux informations sur cette carte?*
Student: **Selon moi,** bien que le tourisme **soit (2)** très important pour la région, il

permet de créer des emplois dans les sites, ainsi que dans d'autres secteurs comme les restos et les hôtels, **cependant,** *il y a aussi beaucoup d'inconvénients tels que (comme) l'effet néfaste sur le site* **lui**-*même à cause de la sur-fréquentation, de plus, les villes peuvent subir une transformation d'un village calme à un endroit touristique bondé où les vendeurs des souvenirs et les restaurants moins chers remplacent le caractère local et* **cela** *pourrait créer des tensions entre les touristes et les locaux.* ***Si j'avais le pouvoir, je mettrais une limite sur le nombre des visiteurs. (5)***

Examiner: Selon ce que vous savez, en France ou ailleurs dans le monde francophone, quelle est l'importance du patrimoine culturel?

Student: **Selon ce que je sais, en France** *par exemple, le patrimoine est très important, Il est nécessaire* **qu'on protège (nous protégions) (2)** *le patrimoine pour (afin d') apprendre notre passé,* **donc il** *est primordial de préserver le patrimoine hérité de nos ancêtres et de* **le** *(3) transmettre aux futures générations sans se concentrer toujours sur l'aspect économique.*

Examiner: Merci beaucoup.
Student: de rien.

Carte E

Theme	Artistic culture in the French-speaking world
Sub-theme	*La musique francophone*

Le concours de la chanson francophone Au Kenya et en Somalie

Une fois par an, les représentations des ambassades francophones au Kenya organisent un concours. cette année, vous pouvez gagner un voyage en France!
L'objectif du concours est d'écrire ou chanter une chanson en langue française, de n'importe quel pays francophone.
Les étudiants des écoles primaires, secondaires et universitaires sont encouragés à participer! Les candidats présélectionnés seront invités à chanter lors de la finale, qui aura lieu à Université " Eastern Africa" le 24 mars 2019.

1) Que dit-on sur la musique francophone?
2) Que pensez-vous de cette initiative?
3) Selon ce que vous savez, pourquoi la musique francophone n'est pas connue au-delà des pays francophones?

Examiner: Quelle carte vous avez choisi?

Student: J'ai choisi la carte **E sur la musique francophone.**

Examiner: Que dit-on sur la musique francophone?

Student: **Après avoir lu les informations sur la carte (7), je pourrais dire qu'**il s'agit d'un concours de la musique francophone au Kenya, ce concours **a été organisé par les ambassades francophones (1)**, ils ont prévu beaucoup de participation **dont (3)** le prix sera de gagner un voyage en France.
Tous les étudiants des écoles primaires, secondaires et universitaires sont encouragés à participer cela est considéré comme un succès et une preuve que la musique francophone est riche et toujours appréciée par beaucoup de gens.

Student: **Est-ce que vous pensez que ce genre d'événement va promouvoir la musique francophone?**
Examiner: **Oui je pense que ça va aider à promouvoir la chanson francophone vu que le Kenya n'est pas un pays francophone.**

Examiner: Que pensez-vous de cette initiative?
Student : **Selon moi, Bien que** la musique francophone contemporaine **soit (2)** toujours populaire en France et dans les pays francophones, elle n'est pas aussi populaire en dehors des frontières de ces pays, **donc il** est primordial de soutenir et encourager ce genre d'initiative, **de plus, je serai aussi en faveur d'** un concours qui va inviter des chanteurs de tous les pays francophones comme ils le font à la Francofolies de Montréal , le public d'aujourd'hui s'intéressent plus à des chansons plus variées et je pense que ça va promouvoir la chanson francophone. **Si j'étais un(e) étudiant(e) au Kenya, j'organiserais une comédie musicale en français, ce serait plus originale. (5)**

Student: **Est-ce que vous pensez que la musique francophone est en déclin?**
Examiner: **Non, je ne crois pas, je pense juste qu'elle est moins connue en dehors de la France.**

Examiner: Selon ce que vous savez, pourquoi la musique francophone n'est pas connue au-delà des pays francophones?

Student : Selon je que je sais, en France et au Canada, ils organisent beaucoup de concerts pour promouvoir la chanson francophone, cependant, je pense qu'ils ne font pas assez pour la promouvoir au-delà de leurs frontières, les gens qui ne parlent pas français n'écoutent pas les chansons francophones car ils ne comprennent pas les paroles, de plus la musique américaine est dominante en ce moment, alors je pense que les chanteurs francophoné devraient continuer à faire des collaborations avec d'autres chanteurs pour qu'ils puissent (2) se faire connaître par les gens qui ne maitrisent pas le français.

Examiner: Merci beaucoup.
Student: de rien.

Carte F

Theme	Artistic culture in the French-speaking world
Sub-theme	*Le cinéma: le septième art*

Le festival de Cannes

Chaque Année, la ville de Cannes accueille des milliers de visiteurs pendant le festival du film, les touristes viennent pour voir et prendre des photos de leurs acteurs préférés, ils viennent de tous les coins du monde ce qui aide à promouvoir l'image de la France, par contre l'entreprise qui organise ce festival est une entreprise privée avec des profits énormes, elle demande 50% des frais à L'État!

1) Que dit-on ici sur le festival de Cannes?
2) Que pensez-vous des informations sur cette carte?
3) Quelle est l'importance du cinéma francophone à l'échelle internationale?

Examiner: Quelle carte vous avez choisi?
*Student: J'ai choisi la carte **F sur Le cinéma: le septième art**.*

Examiner: Que dit-on sur le festival de Cannes?

Student : **Après avoir lu les informations sur la carte (7), je pourrais dire que** le festival de Cannes est très célèbre, **il est organisé par une entreprise privée (1)**, il contribue à promouvoir l'image de la France à l'échelle internationale, la ville profite des fréquentations pendant cette période, **ainsi que** le commerce local, **cependant** le fait que le festival de Cannes **soit (2)** une entreprise qui a pour objectif de faire du profit et que les français paient 50% des frais pour le financer est quelque chose inacceptable.

Student: Est-ce que vous avez entendu parler du festival de Cannes?

Examiner: Oui bien sûr, le festival de Cannes est très célèbre.

Examiner: Que pensez-vous des informations sur cette carte?

Student : **Selon moi,** Chaque année, le festival de Cannes attire des milliers de touristes, le but est de récompenser le meilleur film, le meilleur réalisateur/réalisatrice ou le meilleur acteur/ actrice d'une compétition internationale. Beaucoup d'acteurs internationaux ont reçu la Palme d'or, **il est vrai que** ce festival **contribue (2)** à promouvoir la France et le cinéma francophone, **de plus** les touristes contribuent au secteur économique **en dépensant** (6) leur argent dans les restos, les hôtels…etc., **cependant** je ne crois pas qu'il soit normal que les payeurs d'impôts devraient le financer au lieu de dépenser ces sommes d'argents dans le secteur public.

Si le festival était une entreprise publique, les français pourraient en bénéficier plus. (5)

Student: Que proposeriez-vous comme solution pour promouvoir le cinéma francophone?

Examiner: Je propose des initiatives comme le festival de Cannes et le festival d'animation à Annecy.

Examiner: Quelle est l'importance du cinéma francophone à l'échelle internationale?

Student: **Selon ce que je sais en France par exemple**, il est vrai qu'il y **ait (2)** beaucoup de films qui sont devenus des films de références dans le monde, ils sont devenus intemporels, **prenons à titre d'exemple** la haine il a eu un grand succès dans les années 90.

Il y a aussi le film Les intouchables d'Omar Sy, il a connu un succès aussi, maintenant il tourne des films à Hollywood avec Vincent Cassel et Marion Cotillard, **cependant**, la nouvelle génération n'a pas entendu parler de ces films, donc je pense qu'il reste beaucoup de travail à faire afin **qu'on puisse (2)** promouvoir le cinéma français.

Examiner: Merci beaucoup.
Student: de rien.

Carte G

Theme	Aspect of French-speaking society- Current issues
Sub-theme	*Quelle vie pour les marginalisés?*

La pauvreté en Belgique

14.8%	22%	12.8%	19.1%	31.3%
Chez les moins de 18 ans	entre 18-24 ans	chez les 60 ans et plus	des hommes actifs	familles monoparentales

1) Que dit-on ici sur la **pauvreté en Belgique?**
2) Quelle est votre réaction aux informations sur cette carte?
3) Selon ce que vous savez, en Belgique ou ailleurs dans le monde francophone, comment on traite le problème de la pauvreté?

Examiner: Quelle carte vous avez choisi?

Student: J'ai choisi la carte **G sur Quelle vie pour les marginalisés?**

Examiner: Que dit-on ici sur la **pauvreté en Belgique?**
Student: **Après avoir lu les informations sur la carte (7), je pourrais dire que** les informations mentionnées ici suggèrent qu' en Belgique, les familles monoparentales sont **les plus touchées (4)** par la pauvreté **vu que** dans ce modèle

de famille il y a une seule source de revenue ce qui peut rendre la vie difficile aux parents à subvenir aux besoins de leurs enfants, **on peut noter aussi** que les jeunes moins de 18 ans sont moins touchés par rapport aux jeunes entre 18 ans et 24 ans, **tandis que** on constate que la pauvreté chez l les gens âgés est **la plus faible** (4) ce qui est positif.

Student: Est-ce que vous ne pensez pas que ces pourcentages sont inquiétants vu qu'il y a 31.3% de familles qui vivent sous le seuil de pauvreté?
Examiner: Oui, je suis d'accord avec vous, c'est choquant!

Examiner: Quelle est votre réaction aux informations sur cette carte?
Student: **Selon moi, Bien que** la pauvreté **soit (2)** un problème (phénomène/un fléau) mondial **vu qu'il** y a de plus en plus des gens pauvres dans le monde, de nos jours on voit beaucoup de SDF dans les rues, les licenciements se multiplent chaque année, selon l'Insee en France par exemple (Institut national des statistiques et des études économiques) beaucoup de personnes vivent sous le seuil de pauvreté c'est-à-dire moins de 1008 euros par mois, **selon moi** pour que 31.3 % de familles en Belgique ou en France puissent vivre avec un salaire de 1008 euros par moi c'est quelque chose d'inacceptable, **il faut que le gouvernement fasse** quelque chose pour aider ces familles. **Si j'avais le pouvoir, je lutterais contre la pauvreté (5)** et je ferais de mon pays **le plus puissant (4)** du monde.

Student: A votre avis comment pouvez -vous expliquer qu'une famille puisse vivre avec un tel salaire? (Est-ce que vous ne croyez pas que ce genre de choses poussent les gens vers la criminalité?)
Examiner: Oui, vous avez raison sur ce point.

Examiner: Selon ce que vous savez, en Belgique ou ailleurs dans le monde francophone, comment on traite le problème de la pauvreté?
Student: Selon ce que je sais, par exemple **en France**, il me semble qu'ils ont commencé à faire beaucoup d'efforts pour réduire l'écart entre les riches et les pauvres ainsi que lutter contre la pauvreté en 2015 le gouvernement a consacré 4.8% de son budget pour l'éducation et la formation professionnelle **plus que (4)** le Japon, il y a aussi une politique pour lutter contre l'échec scolaire. il y a des revendications pour augmenter la prestation des personnes seules à l'aide sociale, ainsi qu'aider les familles avec des tickets-restos au travail et aux écoles.

Les associations caritatives comme le resto du cœur par exemple, font beaucoup de travail **en aidant (6)** les jeunes SDF, ainsi que les jeunes mères **en les (3) aidant (6)** avec les paniers repas, les soins médicaux pour leurs enfants.

Examiner: Est-ce que vous pensez que cela va éliminer le problème de la pauvreté?
Student: Non, je ne crois pas qu'il va l' éliminer, car le problème a existé dans le passé et que ça va exister encore dans le futur mais **si on faisait tous quelque chose pour les aider, le monde irait mieux. (5)**

Examiner: Merci beaucoup.

Student: de rien.

Carte H

Theme	Aspect of French-speaking society- Current issues
Sub-theme	*Comment on traite les criminels*

Des peines plus sévères

L'incarcération des mineurs en France ainsi que dans les pays en Europe ne cesse d'augmenter, il est à 7.3% depuis 2018, pour faire face à ce fléau il faut introduire des peines plus sévères et construire d'autres prisons.

1) Que dit-on ici sur la **criminalité chez les mineurs en France?**
2) Quelle est votre opinions sur les informations sur cette carte?
3) Selon ce que vous savez, en France ou ailleurs dans le monde francophone, comment on traite les criminels?

Examiner: Quelle carte vous avez choisi?

Student: J'ai choisi la carte **H sur Comment on traite les criminels?**

Examiner: Que dit-on ici sur la **criminalité chez les mineurs en France?**

Student: Après avoir lu les informations sur la carte (7), je pourrais dire que l'opinion ici suggère que la plupart des crimes qui se déroulent en France sont commis par des ados, alors on a proposé d'introduire des peines plus sévères pour dissuader les jeunes criminels, ce qui est à mes yeux absurde, car je ne suis pas vraiment convaincu que ça va résoudre ce problème ou éliminer ce fléau.

Examiner: Quelle est votre opinions sur les informations sur cette carte?

Student: **Selon moi**, il est vrai que le but/l'objectif de la justice n'est pas principalement de punir **mais** assurer la réinsertion des criminels, **je pense que** la prison pourrait rendre la situation plus grave car elle est un lieu (endroit) où les criminels apprennent des nouvelles formes de criminalités entre **eux (3)**.

Je crois qu'on devrait réfléchir(trouver/envisager) à des vraies solutions, il est important **qu'on assure (2)** la réinsertion des criminels dans le monde du travail et dans la société, donc (alors) on devrait introduire plus de peines de prisons avec sursis ou même utiliser les bracelets électroniques, vu que la prison coûte trop chère, en plus je suis persuadé qu'elle est moins efficace à dissuader les criminels.

Examiner: Selon ce que vous savez, en France ou ailleurs dans le monde francophone, comment on traite les criminels?

Student: **Selon ce que je sais, en France** par exemple, il me semble qu'il faut donner des alternatives à la prison, qu'il faut qu'on développe le TIG (Travail d'intérêt général) **en suivant (6)** l'exemple du Canada/la Suisse et commencer à décriminaliser certains délits moins graves à fin **qu'on puisse (2)** soulager(vider) nos prisons engorgées, ainsi que réduire les coûts qui deviennent déjà(maintenant/désormais) trop lourds pour les payeurs des impôts (taxes). Aussi leur système permet aux anciens criminels de faire une demande pour un pardon pour que leur crime ne soit pas mentionné sur leurs casiers judiciaires, cela facilite leurs tâches pour trouver (**qu'il puisse trouver**) (2) un boulot.

Examiner: Vous ne pensez pas que leurs alternatives à la prison ne sont pas meilleures que celles de la France?

Student: A mon avis le système en Suisse et au Canada **est meilleur qu'en France (4),** on constate que le taux de crime en Suisse et au Canada **est inférieur qu'en (4)** France.

Examiner: Est-ce que vous pensez que la prison est efficace?

*Student: Non, je ne crois pas, **si on prenait l'exemple des États-Unis (5)**, ils donnent des peines de prisons assez longues, quelque fois de 100 ans, mais le crime est toujours en hausse. Est-ce que vous pouvez me donner un exemple où le système d' imposer des peines sévères a bien marché?*

Student: Est-ce que vous pensez que ce genre de mesures dissuadera (va dissuader/empêcher) les criminels?

Examiner: Je pense que oui.

Student: Est-ce que vous ne pensez pas que c'est une meilleure façon de vider les prisons et réduire les coûts?

Examiner: Oui, cette solutions va réduire les coûts mais va augmenter les crimes aussi.

Examiner: Merci beaucoup.

Student: de rien.

Carte I

Theme	Aspects of political life in the French-speaking world
Sub-theme	*Les ados, le droit de vote et l'engagement politique*

Le droit de vote à 16 ans.

D'après une enquête récente, les ados ne pensent pas du tout à l'engagement politique ainsi qu' au droit de vote, ils ont des rêves à partager et à réaliser, ils ne sont pas intéressés ni d'avoir des opinions politiques et philosophiques ni à créer la France de demain. Les ados ne font pas confiance aux politiciens, donc on ne devrait pas donner le droit de vote aux ados vu qu'ils n'ont pas encore acquis une maturité, de plus c'est trop facile de les influencer.

1)   Que dit-on sur ici sur les attitudes des français envers le droit de vote?

2)   Que pensez-vous de cette opinion?

3)   Selon ce que vous savez, en France ou ailleurs dans le monde francophone, quelle est l'attitude des partis politiques envers cette question?

Examiner: Quelle carte vous avez choisi?

Student: J'ai choisi la carte **I sur Les ados, le droit de vote et l'engagement politique.**

Examiner: Que dit-on sur ici sur les attitudes des français envers le droit de vote?

Student: **Après avoir lu les informations sur la carte (7), je pourrais dire que l'opinion** ici suggère que d'après une enquête récente, les ados en France ne sont pas d'accord avec le fait que les jeunes âgés entre 16 ans et 17 ans **aient (2)** le droit de vote, parmi les raisons qu'ils ont mentionné est le fait qu'ils croient que les politiciens sont malhonnêtes ainsi qu'ils préfèrent réaliser leurs rêves, évidemment qu'il **ait (2)** d'autres raisons bien sûr, par contre la première était **la plus importante (4)** à leurs yeux.

Examiner: Que pensez-vous de cette opinion?

Student: **Selon moi,** Bien que le droit de vote **soit (2)** important et que cela permet aux citoyens d'exprimer leur volonté, ainsi qu'ils peuvent élire leurs représentants (parlementaires) et leurs président de la République et participer directement à la prise de décision politique, **cependan**t, les ados **n'étant (6)** pas juridiquement des adultes autonomes et responsables, par contre je connais beaucoup de personnes qui s'intéressent à la politique.

De plus, je ne suis pas d'accord avec l'avis que les ados ne connaissent pas grand choses sur le monde et qu'ils sont facilement manipulés par le marketing et la pression de la famille, cependant, il y a certains qui ont une expérience plus que les adultes dans ce domaine.

Student: Est-ce que vous êtes d'accord avec le résultat de cette enquête?
Examiner: selon moi, si les ados veulent voter, je ne serai pas contre.

Student: Est-ce que vous croyez que les ados peuvent prendre des décisions ou faire des choix à 16 ans?

Examiner: Oui, pourquoi pas, ils votent déjà dans les collèges!

Examiner: Selon ce que vous savez, en France ou ailleurs dans le monde francophone, quelle est l'attitude des partis politiques envers cette question?

Student: Selon ce que je sais, par exemple **au Canada**, il y a certains partis politiques comme le Parti Québécois qui en faveur de laisser les jeunes voter à 16 ans pour que le parti **puisse (2)** gagner plus de voix, ils veulent suivre l'exemple de

la Suisse, ils ont préparé les ados aux écoles au sujet de comment voter, quelles questions ils doivent poser aux candidats, et vérifier que les élus tiennent leurs promesses, ils ont réduit l'âge de vote dans les élections locales en 2007 et c'était un succès.

Examiner: Qu'est-ce que vous pensez des élections locales en Suisse de 2007?
Student: à mon avis, c'était un succès, de plus le taux de participation chez les ados était massif.
je pense que tous les pays en Europe devraient suivre l'exemple de la Suisse.

Examiner: Merci beaucoup.
Student: de rien.

Carte J

Theme	Aspects of political life in the French-speaking world
Sub-theme	*Manifestations, grèves – à qui le pouvoir?*

La grève et les gilets jaunes

La France est connue comme la championne du monde dans les grèves, la grève est devenue une culture.
Hier, à Paris il y avait une autre manifestation des gilets Jaunes contre la proposition du gouvernement en ce qui concerne la baisse du pouvoir d'achat. La manifestation a commencé paisiblement à l'exception des bagarres mineures, mais après la situation s'est intensifiée. Les leaders des syndicats ont rencontré encore une fois le Premier Ministre pour qu'ils puissent surmonter le désaccord profond de la proposition actuelle. Les syndicats semblent de devenir moins puissants.

1) Que dit-on sur ici sur le pouvoir politique en France?
2) Que pensez-vous de l'information donnée?
3) Selon ce que vous savez, en France ou ailleurs dans le monde francophone, est-ce que les grèves sont efficace?

Examiner: Quelle carte vous avez choisi?
*Student: J'ai choisi la carte **J sur Manifestations, grèves – à qui le pouvoir?***

Examiner: Que dit-on sur ici sur le pouvoir politique en France?

Student: **Après avoir lu les informations sur la carte (7), je pourrais dire que** *l'opinion ici suggère que la France est considérée comme pays leader dans le domaine des grèves. Les français ont une réputation de se manifester et faire la grève pour des choses beaucoup moins importantes, grâce au poids des syndicats en France, selon les experts cette puissance est en déclin et les syndicats perdent de plus en plus leurs poids.* **Une manifestations a été organisé par les gilets jaunes (1)** *encore une fois hier, ils ont battu le pavé (sont descendus dans les rues) pour exprimer leur colère contre la proposition du gouvernement, les syndicats ont rencontré encore une fois le Premier Ministre, le désaccord existe toujours et les tensions dans la rue se sont intensifiées.*

Examiner: *Que pensez-vous de l'information donnée?*

Student: Selon moi, *Bien que la grève* **soit (2)** *un droit protégé par la loi vu que* **ce dernier** *(3) permet aux gens d'exprimer leur mécontentement face à la direction ou aux politiciens, la main-d'œuvre française a tendance à réagir d'une certaine manière, donc il existe une culture de conflit, je ne suis pas d'accord avec l'opinion de la carte en ce qui concerne le fait que les syndicats en France deviennent de plus en plus moins puissants, vu que les syndicats sont toujours en tête des cortèges de manifestants, sont fréquemment invités à exposer leurs revendications , malgré que seuls 7% à 8% des salariés français sont syndiqués.*

Student: Est-ce que vous êtes pour ou contre la manifestation des gilets jaunes?

Examiner: Vraiment je suis contre, car je n'aime pas la violence.

Student: A votre avis comment pouvez-vous expliquer comment 7% des salariés peuvent avoir une telle influence?

Examiner: Je ne sais pas.

Examiner: *Selon ce que vous savez, en France ou ailleurs dans le monde francophone, est-ce que les grèves sont efficaces?*

Student: Selon ce que je sais **au Canada,** *on dénombrait 1 268 800 salariés syndiqués au Québec en 2013. Cela représentait 36,3 % des travailleurs dans la provence. Si on compare cette proportion avec celle de 1997, on remarque une baisse négligeable de 0,6 point de pourcentage, donc on constate qu'il y a plus de syndiqués au Québec qu'en France, pourtant les syndicats en France sont beaucoup plus puissants qu'au Québec. En France les grèves sont très efficaces vu que la manifestation reste aux yeux des syndicats comme la CGT (Confédération générale* *du travail) un outil "naturel" pour appuyer leurs revendications, mais il leur est de plus en plus difficile de mobiliser les salariés, et les violences en 2016 lors de la loi de travail ont été contre-productives.*

Examiner: *Merci beaucoup.*

Student: *de rien.*

Carte K

Theme	Aspects of political life in the French-speaking world
Sub-theme	*La politique et l'immigration*

Devrait-on accueillir tout le monde?

La pression sur les services publics se multiplient, il n'y a pas assez d'espaces pour tout le monde, nous n'avons plus les moyens d'accueillir des immigrés, donc on peut donner des visas temporaire pour certains boulots dont on a besoin des compétences et dès qu'on a plus besoin d'eux pour notre économie ils devraient retourner chez eux.

1) Que dit-on ici sur cette politique d'immigration?
2) Que pensez-vous des informations données?
3) Selon vous, en France ou ailleurs dans le monde francophone est-ce que vous pensez que ce débat existera toujours dans le futur?

Examiner: *Quelle carte vous avez choisi?*

Student: *J'ai choisi la carte **K sur la politique et l'immigration.***

Examiner: *Que dit-on ici sur cette politique d'immigration?*

Student: **Après avoir lu les informations sur la carte (7), je pourrais dire** *il s'agit d'une propagande qu'on entend souvent qu'il y a une pression sur les services publics à cause des immigrés et qu'il faut réduire le taux d'immigration, pour cela ils ont proposé une solution qui est à mes yeux injuste c'est de donner des visas temporaire pour ramener de la main d'œuvre et dès qu'on a plus besoin de ces gens on devrait leur demander de retourner à leur pays.*

Examiner: Que pensez-vous des informations données?

Student: **Selon moi,** *bien que l'immigration* **soit (2)** *un débat qui concerne beaucoup de jeunes, il faut qu'on comprenne que l'immigration est positive car il est évident que les anciennes populations étaient des immigrés et ils ont beaucoup apporté à leurs nouvelles sociétés alors il faut traiter les immigrés comme nos citoyens et pas simplement comme une main d'œuvre.*

On dit souvent que les immigrés prennent notre travail et qu'il y a beaucoup de pression sur les services publics comme la santé, l'éducation ou le logement **or que (3)** *ce n'est pas vrai, je pense que les partis racistes comme le Front National qui utilisent les immigrés comme des boucs émissaires afin* **qu'ils puissent (2)** *attirer les électeurs. Ils ne parlent jamais de leurs contributions et ce qu'ils apportent, toutes les sociétés développées ont fait appel aux immigrés pour* **les (3)** *aider à construire leurs pays.*

Examiner: Selon vous, en France ou ailleurs dans le monde francophone est-ce que vous pensez que ce débat existera toujours dans le futur?

Student: Selon ce que je sais, **en France** *par exemple, ce débat a toujours existé surtout avant les élections, on parle maintenant de la quatrième génération des immigrés et leurs enfants ne sont pas toujours considérés comme des citoyens.*

En ce qui me concerne, je suis convaincu que l'immigration est positive puisqu'elle apporte une culture différente et enrichissante, ainsi que des compétences différentes des nôtres, ils paient des impôts comme nous, il est important que les immigrés se sentent chez eux.

Student: Pensez-vous qu'on devrait ouvrir nos portes aux réfugiés par exemple?

Examiner: c'est un grand débat, mais ce que je pourrais dire c'est qu'il y a des avantages et des inconvénients.

Student: Est-ce que vous êtes pour ou contre l'Union Européenne?

Examiner: je suis pour.

Examiner: Merci beaucoup.
Student: de rien.

Part 2 Individual Research Project (11-12

minutes)

For the individual research project, you may choose any topic of your interest as long as it is related to francophone country (French speaking country).

Note: You will not score the highest mark because your project is complex, therefore you are advised to pick a very simple topic and use complex structures instead (You will find below a list of suggested topics).

Submission of sources and headings: You can submit up to 10 headings outlining your research 2 weeks before the test. You need to use a minimum of two sources, and they must be listed; at least one must be an online source. Headings must be in English, whereas the title must be in French.

Overlapping: There must be no overlap with the books/film studied for Paper 2 (For example my students cannot use L'Etranger or la Haine as research project, however they might use other book or film from the same author or producer if they wish).You cannot allow students to choose the same project.

Ideas and opinions: The presentation will include ideas and opinions based on knowledge of the target language country/countries.

Understanding of culture and society: The discussion will demonstrate understanding of the culture and society of the francophone country.

How will Part 2 be assessed

You will be given the opportunity to present your project to the examiner within 2 minutes uninterrupted, you are advised to prepare an introduction where you can sum up your project, then 9-10 minutes for questions and answers. You are not required in this part to ask the examiner questions; however, you can do so if you wish.

In the discussion section of the assessment, you should remember that, as well as offering factual information, you will be expected to evaluate, analyse and offer your own ideas and opinions for 9-10 minutes. Only by doing this will you be able to access the highest marks.

Note- The examiner may ask you questions about all your subheadings or may focus on only one or two subheadings and ask further questions, you need to be ready to deal with the unpredicted element.

List of suggested IRPs:

Cinéma:
Le festival de Cannes
Le festival du film d'Animation Annecy (Cartoons)
Film les Intouchables
Omar Sy or another actor/ actress
Vincent Cassel (Ocean 12 and 13)
Marion Cotillard
La comédie en France (Gad el Maleh)
Le festival du rire de Marrakech (Jamel Debouze)

Musique:
Hip hop Paris festival
Mc Solar et le retour
La rivalité entre les rappeurs de Marseille et les rappeurs de Paris
Céline Dion et la chanson francophone.
Cœur de Pirate
Zaho

Tourisme :
La Tour Eiffel or any other monuments
Le Louvre
Le Parc d'Astérix
Le Mont Saint Michel (La Normandie)

Sport :
Le Mont Blanc et les sports d'hiver
La rivalité entre le PSG et l'OM

La mode (Fashion) :
Chanel
Christian Dior
Saint Laurent
Chloé
Lanvin
Balmain
Jean Paul Gautier
Guerlain
l'Oréal/ La Prairie/ Lancôme...etc

Part 2- Independent Research Project (IRP)
1)   Knowledge and understanding

Mark	Description
5	**Very good** knowledge and understanding of the area of study.
4	**Good** knowledge and understanding of the area of study.
3	**Reasonable** knowledge and understanding of the area of study.
2	**Limited** knowledge and understanding of the area of study .
1	**Very limited** knowledge and understanding of the area of study.
0	Nothing is worthy of a mark

2) Delivery

Marks	Description
9-10	Delivery is **fluent** throughout. The ideas and opinions expressed are nearly always developed, no prompts. Students engage **very well** in the discussion respond to nearly **all** questions.
7-8	Delivery is **mainly fluent** throughout. The ideas and opinions expressed are mostly developed, some prompts. Students engage well in the discussion respond mostly **to all** questions.
5-6	Delivery is **mostly fluent** throughout. The ideas and opinions expressed are nearly always developed, no prompts. Students engage in the discussion respond to **nearly all** questions.
3-4	Delivery is **occasionally fluent**. The ideas and opinions expressed are **occasionally** developed. Students engage in **limited** discussion and respond to **a few** questions.
1-2	Delivery is **rarely fluent**. The ideas and opinions expressed are rarely developed. Students engage to a **very limited** discussion and give an appropriate response to **very few** questions.
0	Nothing is worthy of a Mark

3) Language

Marks	Description
9-10	Use **a wide range** of vocabulary, complex structure and idioms. **Highly accurate** application of grammar with occasional minor errors. Pronunciation and intonation **are very good**.
7-8	Use **a good range** of vocabulary, complex structure and idioms. **Mostly accurate** application of grammar with some minor errors. Pronunciation and intonation **are good**.
5-6	Use **some** variety of vocabulary and complex language is demonstrated. **Uneven** application of grammar. Pronunciation and intonation **are fairly good**.
3-4	**Little use** of vocabulary, complex structure and idioms. **Limited** application of grammar. Pronunciation and intonation are mostly **intelligible**.
1-2	**Very little** variety of vocabulary and structures is demonstrated. **very limited** application of grammar. Pronunciation and intonation **are poor**.
0	Nothing is worthy of a mark

4) Analytical response

Mark	Description
9-10	**Very good** critical and analytical response of those aspects of the research covered in the discussion. Students **consistently** select relevant information to support their arguments with justification of their conclusion.
7-8	**Good** critical and analytical response of those aspects of the research covered in the discussion. Students **most of the time** select relevant information to support their arguments with justification of their conclusion.
5-6	**Reasonable** critical and analytical response of those aspects of the research covered in the discussion. Students **sometimes** select relevant information to support their arguments with justification of their conclusion.
3-4	**Limited** critical and analytical response of those aspects of the research covered in the discussion. Students **occasionally** select relevant information to support their arguments with justification of their conclusion.
1-2	**Very limited** critical and analytical response of those aspects of the research covered in the discussion. Students **rarely** select relevant information to support their arguments with justification of their conclusion.
0	Nothing is worthy of a mark

Exemple : Le Parc d'Astérix

Title : Quel est l'impact du Parc Astérix sur la région ?

Subheadings :

1) History of the Park
2) Cartoons and movies
3) Opening times and cost
4) composition of the Park
5) How do we get there ?
6) Economic data

Sources :

1) https://www.parcasterix.fr/en/attractions-parc-asterix

2) http://www.themeparkguide.org/theme-park-reviews/parc-asterix/

3) Wikipedia https://fr.wikipedia.org/wiki/Parc_Astérix

Introduction : (2 minutes)

Le Parc Astérix est un village touristique qui inclut un parc d'attractions et deux hôtels, il a ouvert ses portes au public le 30 avril 1989, inauguré par le Ministre Jack Lang. Il est géré par la Compagnie des Alpes depuis 2002. Le parc d'attractions est consacré à la bande dessinée : Astérix. Il est situé à trente-cinq kilomètres de Paris (Plailly).

Bien qu'il soit près de Paris, Il est le deuxième parc après Disney Land, il est connu pour les variétés de ses montagnes russes (Grands huits), avec deux millions de visiteurs chaque année. Le site de loisirs a reçu 20 000 visiteurs le premier week-end d'ouverture. Les premières semaines, le parc était victime de son succès et le public en est excédé. La gestion des foules a posé un problème. La fréquentation était plus élevée que prévu. Elle a pour conséquence la fermeture du parc à plusieurs reprises à cause de l'encombrement le dimanche.

L'autoroute n'était pas assez longue, les parkings se remplissaient vite, quelques attractions ne tournaient pas assez vite, ainsi que la capacité était trop faible et surtout le nombre de places dans les restaurants était insuffisant.

Cinq ans plus tard le parc est devenu rentable pour la première fois et chaque année le nombre de visiteurs ne cesse d'augmenter. Avec deux millions de visiteurs, le parc reprend en 2012 la deuxième position du classement français, devant le Futuroscope, par contre il reste toujours derrière Disneyland Paris ayant une fréquentation de presque onze millions de visiteurs.

Examiner : Comment on peut acheter des billets pour visiter le parc ?

Student : La meilleure option est d'acheter les billets en ligne, sinon on risque d'avoir des queues aux guichets, sinon on peut les acheter sur place ou chez des bureaux de touristes.

Examiner : Est-ce que tu as visité le parc ?
Student : Si j'avais assez d'argent, je visiterais le parc, mais jusqu'à présent je n'ai pas eu la chance de visiter le parc, par contre j'ai vu des vidéos sur YouTube et ça a l'air d'être sympa.

Examiner : Pourquoi, ils ont choisi ce nom (Le parc Astérix) ?
Student : Astérix est une bande dessinée franco-belge qui date depuis 1959, elle était écrite par René Goscinny et après sa mort, Albert Uderzo a continué de l'écrire, puis il a vendu les droits à Hachette en 2009, 37 volumes existent à ce jour.
Les séries suivent l'aventure d'un village Gallois en résistant l'occupation Romaine en année cinquante avant Jésus Christ, ils faisaient tout ça par la magie.

Examiner : Est-ce que vous avez lu cette bande dessinée ?
Student : J'ai lu une série de cette bande dessinée en anglais car en français c'était un peu difficile pour moi, je la lirai en français quand j'aurai un bon niveau. L'humour était un peu spécial, car il faut savoir un peu l'histoire pour l'apprécier plus.

Examiner : Et comment ils ont fait les décorations pour faire référence à cette bande dessinée ?
Student : Ils ont adopté des noms d'attractions qu'on peut trouver dans la bande dessinée, par exemple le défi de César et Romus et Rapidus, le style du parc est plutôt gallois ou romain, on peut voir des employés qui portent des costumes des personnages qui sont dans la bande dessinée, il est possible to prendre des photos avec eux.

Examiner : Si par exemple je veux prendre mes enfants, est-ce qu'il y a quelque chose pour les adultes aussi ?
Student : En regardant leur site web, j'ai vu qu'il y a des choses qu'on peut faire en famille comme Pégasse Express. Selon la légende, Pégase le cheval ailé qui a été

transformé par Zeus en une constellation qui brille désormais, donc Pégase Express propose un voyage à grande vitesse à bord d'un train lancé sur un parcours mouvementé de près d'un kilomètre de long.

Examiner : Quels sont les horaires d'ouvertures ?
Student : Le parc est ouvert du 31 mars au 4 novembre de dix heures (10 :00) à dix-huit heures (18 :00).

Examiner : Combien ça coûte ?
Student : Il y a des offres sur leur sites, pour cela je vous conseille de le visiter et acheter vos billets bien en avance, ça coûte cinquante et un (51) euros pour adultes quarante-trois euros pour les moins de douze ans. Il y a quelque fois des offres qui sont cinquante et un euros par adulte et gratuit pour les enfants moins de 12 ans.

Examiner : J'aurais besoin de combien de jours pour faire toutes les attractions ?
Student : Je dirais deux jours, on peut réserver l'entrée et passer la nuit dans un des deux hôtels qui sont dans le complexe. Il y a des promotions par exemple deux adultes, 2 enfants, une nuit avec petit déjeuner quatre-vingts et un euro (81) par personne, presque quatre cents cinquante (450) euros.

Examiner : Vous avez dit que le parc se situe à 35 kilomètres de Paris, comment on peut y aller ?
Student : Il y a beaucoup d'options, on peut aller en voiture car il y a des parkings ou en car, on peut prendre aussi le RER jusqu'à la station Charles De Gaulle puis il y a les navettes pour le parc. On peut même prendre ces navettes du centre de Paris ou Lille.

Examiner : A votre avis est-ce que le parc est une chose positive pour la région ?
Student : Selon moi, je suis convaincu que l'impact est positif vu que ça a permis de créer des emplois dans le parc et les hôtels, ainsi que les touristes dépensent leur argent dans les restaurants et dans les villes ce qui stimule l'économie.

Examiner : Est-ce que c'est facile pour quelqu'un qui ne parle pas français de visiter le parc ?

Student : Pour des informations, on peut changer la langue dans le site web, donc on peut acheter nos billets et réserver facilement, aussi comme dans tous les parcs, il y a un bureau de renseignements où on peut demander de l'aide. La plupart des gens parlent un peu l'anglais surtout dans les grandes villes donc je ne pense pas qu'on aura un problème.

Examiner : Aimeriez-vous travailler dans le parc dans le futur ?

Student : Peut-être pour un poste ponctuel pour que je puisse pratiquer mon français, par contre pour un travail permanent je dirais non merci.

Examiner : Merci beaucoup.
Student : de rien.

Paper 2 Writing

In order to achieve the highest mark on this paper, you need :

1) To ensure that the language you produce is mainly accurate with only occasional minor errors. You also need to demonstrate a good grasp of grammar and to use complex structures as well as wide range of vocabulary appropriate to the task.

2) Demonstrate an excellent and detailed knowledge of the text or film. You need to justify your opinions and conclusions with supported evidence from the text or film.

*Here are possible contents published on **AQA website** for your reference, they can also be used for Pearson or any other exam board (1) :*

(1) MARK SCHEME – A-LEVEL FRENCH – 7652/2 – JUNE 2018

Albert Camus: L'étranger

Analysez comment Camus explore et explique la philosophie de l'Absurde dans ce récit. [40 marks]

Possible content

- *An explanation of the philosophy.*
- *Introducing the character of Meursault and how he embodies the philosophy of the absurd.*
- *Explanation of how Camus views life.*
- *Meursault's atheism.*
- *Description of the French society and attitudes.*

Albert Camus: L'étranger

« Les personnages de Camus inspirent notre dégoût plutôt que notre admiration. »
Dans quelle mesure est-ce que ce jugement est justifié? [40 marks]

Possible content

- The misunderstanding of Meursault character by society – The fact that he was condemned for not crying during his mother's funeral.
- His honesty and refusal to follow the social conventions are to be admired.
- The killing of the Arab without any reason is not something to be admired.
- Marie's character and support for Meursault is to be admired.
- Raymond should be in the not to be admired camp for the way he treats women and for leading Meursault to his death.
- Salamano may also be in the not to be admired camp for the ill treatment of his dog.

Albert Camus: L'étranger

Analysez comment le comportement et les attitudes de Meursault mènent à sa mort à la fin du récit. [40 marks]

Possible content

- Meursault attitude when he knew about his mother's death.
- His relationship with his mother.
- His behaviour before and during the funeral (smoking, drinking coffee, showing no sorrow or tears).
- His relationship with Marie: swimming, making love, cinema.
- His relationship with Raymond, writing the letter for him, testifying in his favour at the police station, accepting his invitation to the beach house, holding the gun, all these events led him to his guillotine.
- His relationship with the legal system.
- The witness statements and their contribution to the trial.
  - Linking all events that led him to be given the death sentence.

Albert Camus: L'étranger

Dans quelle mesure peut-on dire que L'étranger est un récit philosophique?
[40 marks]

Possible content

- *Description of the absurdism.*
- *No reference to this philosophy in the novel, however we can see evidence that its principles are imbedded on Meursault's character.*
- *Meursault's thoughts and behaviour do not follow any rational order.*
- *No logic to Meursault's actions. But society through the justice system tries, almost needs to endow these thoughts and actions with a rational explanation.*
- *Our shock as well as disturbance about the notion that things happen for no reason.*
- *An attempt in the second part to give a rational explanation for Meursault's action.*

Mathieu Kassovitz: La Haine

Analysez la représentation de la vie en banlieue dans ce film. Dans quelle mesure est-ce que c'est une représentation justifiée? [40 marks]

Possible content

- *Degraded and dilapidated buildings.*
- *Families live in overcrowded rooms.*
- *Ethnic mix.*
- *Boredom – gathering on roof as they have nowhere to go. Sitting and doing nothing during the 24h.*
- *Lack of education.*
- *Split society resulting in delinquency and riots.*

Mathieu Kassovitz: La Haine

« La Haine est sans doute un film pessimiste et anti-autoritaire » Dans quelle mesure êtes-vous d'accord avec ce jugement? [40 marks]

Possible content

- *Life in the suburb.*
- *Police brutality and racism.*

- *Aggressive behaviour of the protagonists.*
- *The vicious circle- Hate attracts hate.*
- *No opportunities for the youth in the suburbs, despite the fact that some like Hubert would like to leave.*

Mathieu Kassovitz: La Haine

« Les trois jeunes protagonistes de La Haine ne sont que des stéréotypes généraux et le scénario est peu probable. » Dans quelle mesure êtes-vous d'accord avec ce jugement?   [40 marks]

Possible content

- *Introducing the three protagonists and their characters.*
- *Vinz and his aggression, violence, his desire for revenge.*
- *Hubert and his desire to get out of the suburbs.*
- *Saïd and his survival in the suburbs.*
- *The real historical context. These events actually happened in Paris.*
- *Referencing to a different event in Paris where violence takes place up to today.*

Mathieu Kassovitz: La Haine

« Pour beaucoup de critiques, La Haine est un chef d'œuvre du cinéma. » Dans quelle mesure êtes-vous d'accord avec ce jugement?   [40 marks]

Possible content

- *Kassovitz tackles a difficult and controversial subject head-on.*
- *Rawness of presentation and a 'no holds barred' approach.*
- *Images of violence, hatred, racial tension, racism all are stark and bold.*
- *The film thus has a great impact thematically.*
- *The 'wake-up' call aspect of the film.*
- *Public reaction to the film including politicians' reaction.*
- *The global impact cinematographically-speaking of the film.*

Technically/stylistically:

- *Characterisation – strongly drawn and portrayed protagonists especially Vinz and Hubert.*

- *Filming in black and white.*
- *The documentary style and the use of real-life footage of the riots.*
- *The use of the clock and the effectiveness of this.*
- *The tension and suspense.*
- *The final scene and the circular structure of the film.*

Mark Scheme:

1) Quality of Language:

AO3	
17-20	The language produced is mainly accurate with only occasional minor errors. The student shows a consistently secure grasp of grammar and is able to manipulate complex language accurately. The student uses a wide range of vocabulary appropriate to the context and the task.
13-16	The language produced is generally accurate, but there are some minor errors. The student shows a generally good grasp of grammar and is often able to manipulate complex language accurately. The student uses a good range of vocabulary appropriate to the context and the task.
9-12	The language produced is reasonably accurate, but there are a few serious errors. The student shows a reasonable grasp of grammar and is sometimes able to manipulate complex language accurately. The student uses a reasonable range of vocabulary appropriate to the context and the task.
5-8	The language produced contains many errors. The student shows some grasp of grammar and is occasionally able to manipulate complex language accurately. The student uses a limited range of vocabulary appropriate to the context and the task.
1-4	The language produced contains many errors of a basic nature. The student shows little grasp of grammar and is rarely able to manipulate complex language accurately. The student uses a very limited range of vocabulary appropriate to the context and the task.
0	The student produces nothing worthy of credit.

2) The critical and analytical response to the question

AO4	
17-20	**Excellent critical and analytical response to the question set** Knowledge of the text or film is consistently accurate and detailed. Opinions, views and conclusions are consistently supported by relevant and appropriate evidence from the text or film. The essay demonstrates excellent evaluation of the issues, themes and the cultural and social contexts of the text or film studied.
13-16	**Good critical and analytical response to the question set** Knowledge of the text or film is usually accurate and detailed. Opinions, views and conclusions are usually supported by relevant and appropriate evidence from the text or film. The essay demonstrates good evaluation of the issues, themes and the cultural and social contexts of the text or film studied.
9-12	**Reasonable critical and analytical response to the question set** Knowledge of the text or film is sometimes accurate and detailed. Opinions, views and conclusions are sometimes supported by relevant and appropriate evidence from the text or film. The essay demonstrates reasonable evaluation of the issues, themes and the cultural and social contexts of the text or film studied.
5-8	**Limited critical and analytical response to the question set** Some knowledge of the text or film is demonstrated. Opinions, views and conclusions are occasionally supported by relevant and appropriate evidence from the text or film. The essay demonstrates limited evaluation of the issues, themes and the cultural and social contexts of the text or film studied.
1-4	**Very limited critical and analytical response to the question set** A little knowledge of the text or film is demonstrated. Opinions, views and conclusions are rarely supported by relevant and appropriate evidence from the text or film. The essay demonstrates very limited evaluation of the issues, themes and the cultural and social contexts of the text or film studied.
0	The student produces nothing worthy of credit in response to the question.

Other examples of novels to study (1):

Molière: Le Tartuffe

Analysez comment le comportement d'Orgon est influencé par son obsession avec le pouvoir et le contrôle. [40 marks]

Possible content

- Orgon is controlled by Madame Pernelle and Tartuffe who have stronger personalities.
- Orgon's view of piety influenced by Tartuffe.
- Due to Tartuffe's control, Orgon has been dehumanised.
- His willingness to sacrifice his daughter.
- He worries more about appearance than true faith.
- His obsession with Tartuffe and no consideration of the effect on his family.
- Tartuffe's involvement with the family affairs led to tensions between Orgon and his wife.
- Despite Orgon's obsession with Tartuffe, his wife continued to love him.
- The exposure of Tartuffe as a fraud and Orgon's reaction.

Molière: Le Tartuffe

«Le Tartuffe est une pièce satirique. » Dans quelle mesure êtes-vous d'accord avec ce jugement? [40 marks]

Possible content

- Social conventions which determine a character's behaviour are portrayed as being selfish, vain and hypocritical.
- Characters of a higher class are ridiculed by characters of a lower social class who are more perceptive.
- False piety as a means of representing one's social standing is mocked.
- False piety as a means of furthering personal gain is exposed, mocked and shown to be ultimately fruitless.
- Orgon's patriarchal values are short sighted and put his family at risk.
- Elmire's love for Orgon and her family are stronger than Tartuffe's false love and piety. True love wins in the end.
- Love for personal gain and a family's reputation ultimately fails.
- Reason and truth win in the end as Tartuffe is exposed as a fraud.
- Orgon's irrational and exaggerated behaviour is in contrast with the reasoned
- behaviour of other characters, thus satirising his beliefs.
- The structure of the family and the roles of individuals in it are scrutinised, therefore exposing many flaws.

Guy de Maupassant: Boule de Suif et autres contes de la guerre

Analysez les aspects positifs et négatifs de la guerre tels qu'ils sont présentés dans au moins deux des contes de Maupassant. [40 marks]

Possible content

Positive:
- Acts of heroism.
- Ordinary people thrown into extraordinary situations because of the war.
- How different characters react to the war.
- Examples of courage and patriotism.

Negative:
- Treatment of women by the soldiers.
- Hypocrisy of the characters shown through the situation they find themselves in.
- How war changes the behaviour and moral values of the characters.
- The people who suffer most are poor people, the rich remain relatively unscathed.
- How 'la nature humaine' is revealed through the circumstances brought about by the war. Maupassant's use of exaggerated stereotypes to highlight how normally unacceptable behaviour becomes acceptable during the war.

Guy de Maupassant: Boule de Suif et autres contes de la guerre

Analysez comment Maupassant utilise les rapports entre Boule de Suif et ses compagnons pour illustrer l'hypocrisie de ces derniers.   [40 marks]

Possible content

- There will be a well-documented analysis of the relationships between the characters and how these relationships develop during the story. There will be clear evidence of how their behaviour shows hypocrisy.
- At the start of the journey, Boule de Suif feels inferior to her travelling companions but happily, shares her food with them.
- From the start they look down on her but are polite because they want her food.
- The other travellers appreciate her company and share her political views.
- The male travellers find her attractive and charming.
- Her generosity is not reciprocated by the other travellers.
- They judge her because she is from a different social class and because she is a prostitute.
- They see nothing wrong with their behaviour towards her and see no reason why she should not sacrifice herself for them with the Prussian officer.
- They judge her and yet she is the better person as she is selfless.
- Their own cowardliness leads them to judge her.
- They judge her easily and yet are happy to benefit from her actions – hypocrisy.
- During the final journey they refuse to share their food with Boule de Suif, looking down on her because of what she has done.
- Boule de Suif says nothing, realising that they may judge her but that she has made sacrifices for them and they are unworthy of her.

Françoise Sagan: Bonjour Tristesse

«Les personnages dans Bonjour Tristesse ne sont ni bons ni mauvais. » Dans quelle mesure êtes-vous d'accord avec ce jugement? [40 marks]

Possible content

- Cécile views her father through rose-tinted glasses.
- Her father not setting boundaries did result in bad behaviour.
- The tragic death of Anne was an attempt to destroy her relationship by Cécile due to her insecurity.
- Anne's traditional values regarding family.
- Elsa conspires with Cécile to destroy Raymond and Anne's relationship, ending in the tragic and unpredictable death of Anne.
- Elsa inability to be role model to Cécile.
- Raymond's attitude to love and women.
- Raymond loves Cécile but not a firm and strong father.

Françoise Sagan: Bonjour Tristesse

Analysez comment Sagan développe le caractère du personnage de Cécile au cours du roman Bonjour Tristesse. [40 marks]

Possible content

- Cécile's pour behaviour is due to her father's poor parenting.
- Cécile's stubborn character.
- Cécile is intelligent yet immature.
- Her self-centredness leads her to making choices that will have dire consequences.(Anne's death).
- Cécile accepts Raymond and Elsa for who they are as their flawed personalities do not pose a threat to her.
- Her admiration and envy of Anne shows that Cécile respects her strong maternal instincts but sees her as a threat to the relationship between her father and herself.
- Cécile prefers her father to have a shallow relationship with Elsa as opposed to a more meaningful one with Anne.
- Cécile's relationship with Cyril is just as shallow as the relationship Raymond has with Elsa.
- Cécile uses Cyril in the plot to oust Anne from her father's life.
- Cécile realises and deeply regrets that her actions led to Anne's death.

Claire Etcherelli: Elise ou la vraie vie

Analysez comment Etcherelli présente la recherche par Elise de la vraie vie.
[40 marks]

Possible content

- There will be a clear explanation of what Elise believed «la vraie vie» to be and clearly documented analysis of the extent to which she experiences this when she goes to work in Paris.
- At the start of the novel Elise lives a very dull life, trapped in poverty and trying to support Lucien. She has dedicated her life to her brother and has done very little for herself.
- Lucien talks to her about «la vraie vie» and about the opportunities they could have to do whatever they want.
- Elise respects Marie-Louise for working after having a baby and supporting her family.
- When Lucien goes to Paris she feels abandoned and when he writes asking her to join him she is excited by the thought of living her life for the first time.
- She takes the train for the first time and feels that the «vraie vie» is about to begin.
- In Paris work in the factory is extremely hard and she begins to feel trapped.
- The hours are long and leave her so tired there is no time for anything else. It is a vicious circle of work and sleep with very little money left at the end of each week.
- She thinks of returning home to her grandmother but wants to stay longer to earn more money and wants to be part of «la vraie vie» with Lucien, Henri and Anna.
- She enjoys being part of the meetings about the war in Algeria.
- When she meets Arezki this is her first experience of a relationship as her life previously had always revolved around Lucien.
- Elise experiences «la vraie vie» but it is not everything she imagined and ultimately, she returns to her previous life with her grandmother in Bordeaux. The dream ends with Lucien dead, Arezki gone and Elise all alone and disillusioned.

Claire Etcherelli: Elise ou la vraie vie

Analysez l'importance d'Henri. Dans quelle mesure est-il responsable de tout ce qui arrive à Elise et Lucien? [40 marks]

Possible content

- There will be clearly documented evidence of Henri's role in the novel and his relationship with Lucien. Evidence should be presented to show to what extent he is to blame for what happens to Elise and Lucien.
- Henri is from a different social class and has never had to experience poverty
- He encourages Lucien with revolutionary talk and makes him realise there is more to life than the limited life Lucien has experienced so far.
- Henri sees Lucien as a victim of society (an orphan, poor, married too young) who is trapped by circumstances.
- He perhaps also sees that Lucien can be easily manipulated by him.
- In Paris Henri is there encouraging Lucien and Elise to live «la vraie vie» and to carry out the anti-war demonstrations/propaganda.
- Henri is part of the life they are living in Paris without having to experience it first hand as he does not have to work in a factory to support himself.

Henri becomes frustrated with Lucien because he has become an «ouvriériste» and is too exhausted to write about the war. He feels the factory workers don't care about the war in Algeria.
- Henri does not understand that Lucien is trapped in a vicious circle of life as a factory worker. He has no time or energy for anything else.
- Lucien is doing what Henri wanted by coming to Paris but is unable to help as Henri had expected.
- Henri could be blamed for everything that happens as without him Lucien and Elise would never have had the courage to go to Paris. However, it could also be argued that it was their choice. Lucien became obsessed with working in the factory and being part of the campaigns and therefore the blame lies with him.

Joseph Joffo: Un sac de billes

Analysez les effets de la guerre sur l'enfance des frères Joffo. [40 marks]

Possible content

- The boys unawareness of the meaning Jewish before the war.
- Whenever Maurice win, Joseph cries.
- Without the help of the family, they had to learn fast in order to support themselves.
- They left the children life as soon as they left Paris.
- They learn not to show any feelings.
- They learn the importance of doing business to survive.
- Joseph preference to work in the bookshop rather than playing or going to school.
- The war took away their childhood.
- Use of humour often to break the tension at difficult points in the story.
- they rediscover their childhood when they were in Marseille.

Joseph Joffo: Un sac de billes

«Vous êtes juifs mais ne l'avouez jamais. » Analysez dans quelle mesure les conseils du père Joffo sont importants pour la survie des deux frères. [40 marks]

Possible content

- The boys unawareness of the meaning Jewish before the war.
- Joseph realised how serious is the situation when his father hit him.
- Joseph did follow his father's advice despite the fact that he did not understand the reason his father told him to never admit he is Jewish.
- Joseph realised that they have to lie in order to survive.
- They never admit being Jewish even to trustworthy people (Old lady and the priest and even to other Jewish).
- The boys survived because no one knew they were Jewish.
- They also survived because they knew how to look after and take care of themselves.

Faïza Guène: Kiffe kiffe demain

«Kiffe kiffe demain présente une image totalement négative des immigrés. » Dans quelle mesure êtes-vous d'accord avec ce sentiment? [40 marks]

Possible content

- Positive image of immigrants.
- A strong community due to faith and family.
- The younger generation generally tries to live in a more multicultural society.
- Educational opportunities can help young immigrants to do better than their parents.
- Negative portrayal of immigrants.
- The younger generation of immigrants found it hard to break away from traditional family values.
- Criminality and delinquency in the suburbs.
- Male characters are often violent and controlling of female characters.
- Family and community are dominated by males.

Faïza Guène : Kiffe kiffe demain

Analysez comment les différents aspects de l'amour sont présentés dans Kiffe kiffe demain.   [40 marks]

Possible content

- There is often gender inequality in relationships.
- The relationship between Doria's parents is not healthy.
- The older generation's relationships there is male authority as well as domestic violence.
- Doria initial scepticism of Nabil which has changed later on.
- Doria does not want to be Hamoudi's girlfriend.
- Samra's attempt to find a man outside of her community has been viewed as positive by Samra.

Philippe Grimbert: Un secret

Analysez comment Grimbert utilise les générations différentes dans sa présentation de la famille du narrateur dans Un secret.   [40 marks]

Possible content

- *Both generations of the Grimbert family are traumatised by the Holocaust.*
- *Maxime and Hannah's relationship is founded on traditional Jewish family values.*
- *Maxime betrays Hannah, and thus traditional family values, by having an affair with Tania.*
- *The revelation of the past helps to heal the rift between the narrator and his parents.*
- *There is a stronger bond between Simon and Maxime than Maxime and the narrator.*
- *The narrator and his parents are very different physically and mentally.*
- *The narrator has always felt that he had a brother and that there was a missing link between him and his parents.*
- *The narrator uses an imaginary brother to cope with family stresses.*
- *Louise deals with the past in such a way as to partly heal the problems which are the source of the family's issues.*

Delphine de Vigan: No et moi

Analysez comment les rapports familiaux affectent la vie des personnages principaux dans ce roman.   [40 marks]

Possible content

- *The behaviour of No and Lou was affected by the effect of past events had on their parents.*
- *Lou and No's family issues.*
- *No and Lou insecurity due to the dysfunctional families.*
- *The absence of Lucas' parents makes him more resilient as opposed to making him insecure.*
- *The understanding and support of Lou by her parents.*
- *The lack of support by No's parents.*
- *Lou's parents become No's adoptive parents.*
- *The transition from being positive to falling apart and ultimately No's departure.*
- *The two girls and Lucas support each other.*

Delphine de Vigan: No et moi

L'histoire de No et moi est racontée à la première personne. Quels sont les avantages et les inconvénients de cette approche?   [40 marks]

Possible content

Advantages:

- There will be an understanding and intimacy between Lou and the reader.
- It allows the reader to experience Lou's thoughts and perceptions more deeply.
- Deeper understanding of Lou's relationship with No.
- Experience Lou's emotions and feelings.
- Detailed on how Lou views her parents and the effect they have on her life.

Disadvantages:

- The reader does not understand Lou's parents.
- The story is limited to what Lou perceives.
- The details could have been more detailed.
- Lucas's feelings are not explored.

Other examples of films to study:

Louis Malle: Au revoir les enfants

Analysez l'importance du thème de l'enfance dans ce film. A votre avis est-ce le thème le plus important? [40 marks]

Possible content

- The title which talk about the childhood which is the key element.
- The influence of the older pupils on the younger one with regards to authority.
- The Presence of the German army in France and its impact on the children.
- The different experience of Julien and Jean.
- The loss of childhood.
- Justification of whether childhood is the most important theme or not.

Cédric Klapisch: L'auberge espagnole

«*L'auberge espagnole est avant tout l'histoire d'un jeune homme qui découvre son identité.* » *Dans quelle mesure, à votre avis, ce jugement est-il valable?* [40 marks]

Possible content

- Justify whether you agree or disagree with the judgement.
- Talk about Xavier's adventures and experiences.
- Explore the notion of nationality and national identity.
- The rediscovery of Xavier aspiration to be a writer.

- *The impact of the trip on Xavier when he returned to Paris.*

Jean-Pierre Jeunet: Un long dimanche de fiançailles

Analysez les actions et le comportement de Mathilde dans ce film et comment les autres personnages y réagissent. [40 marks]

Possible content

- *Mathilde's reaction to the condemnation of Manech.*
- *Seeking assistance and sympathy using her disability.*
- *Her determination to find out the truth.*
- *Write to other soldiers condemned alongside Manech as well as officers to find out what happened.*
- *Visits graveyard and battlefield.*
- *Befriends Célestin Poux who will help her track down the truth.*
- *Discussion of how other characters in the film react to Mathilde's actions.*
- *include at least another character.*

Jean-Pierre Jeunet: Un long dimanche de fiançailles

Analysez les techniques cinématographiques et leur contribution au film Un long dimanche de fiançailles. [40 marks]

Possible content

- *Contrast 'past' and 'present', battlefield and home by using colour.*
- *Using sound effects: silence, music to create sense of realism.*
- *Put an emphasis on memory by repeated scenes from different points of views.*
- *Narration and storytelling.*
- *Reinforce emotional response and reaction.*
- *Costumes – to recreate a sense of period and locate the action in a particular time.*

Laurent Cantet: Entre les murs

Analysez comment Cantet présente la scolarité dans ce film. Comment jugez-vous son traitement de ce thème? [40 marks]

Possible content

- *Constant conflict between teachers and students as well as between students themselves.*
- *Poor classroom behaviour.*
- *fights and bad language in the classrooms.*
- *Students not engaged with their learning.*
- *Disaffected teachers.*

- *Lack of support from parents.*
- *Inappropriate/irrelevant curriculum and classroom activities.*
- *Pointless emphasis on French grammar.*
- *unbalance between educational demands and life outside school.*
- *Students not respecting each other.*
- *Lack of social skills.*

Laurent Cantet: Entre les murs

«Grâce aux moyens que Monsieur Marin utilise pour éduquer ses élèves il connaît une réussite totale en tant que professeur. » Dans quelle mesure êtes-vous d'accord avec ce jugement?   [40 marks]

Possible content

- *Marin's teaching skills.*
- *Listens to student views.*
- *Maintains discipline.*
- *Behaviour management skills.*
- *Attempts to provide more relevant curriculum.*
- *Fair and firm.*
- *Creates atmosphere of mutual respect.*
- *Creates a positive working atmosphere.*
- *Creates better relationships between students.*
- *Builds students' self-esteem.*

Check the essays below for examples of complex structures: (They are in bold):
- *Use of passive voice (1)*
- *Use of Subjunctive (2)*
- *Use of different pronouns (3)*
- *Use of Superlative/Comparative (4)*
- *Use of Si clause (5)*
- *Use of gerund/ Present participle (6)*
- *Use of infinitive /Infinitive past (7)*

La Haine Essay 1

« Le film la haine devrait être étudié par les générations futures. » Dans quelle mesure êtes-vous d'accord avec ce jugement ?   [40 marks]

Après avoir regardé le film (7), je pourrais dire que le film la haine est un véritable film coup de poing lors de sa sortie en 1995, le film est intemporel et toujours en lien avec le contexte social actuel. **Il a été tourné par Mathieu Kassovitz (1)**. Le film est inspiré d'une histoire vraie d'un jeune tué d'une balle dans la tête par un policier lors de sa garde à vue. Il ne donne raison ni au protagoniste ni à la police. Il montre juste comment la haine s'est installé et a divisé la société en France. Le fait **que (3)** Matthieu Kassovitz s'est servi de nombreuses stratégies pour faire réagir le public **en analysant (6)** la société française tels que *la vie lamentable des jeunes dans les banlieues est un testament qu'il devrait être étudié par les générations futures.*

*Prenons à titre d'exemple l'utilisation de l'image noir et blanc, en premier lieu le film a été tourné en couleur, mais mis en noir et blanc au montage, une stratégie très efficace que 21ans plus tard le metteur en scène a pu rappeler aux spectateurs qu'il ne s'agissait pas d'un film comique mais d'un film où se déroulait des évènements dramatiques ce qui est une réalité dans la banlieue , Matthieu Kassovitz a réussi son coup **en montrant(6)** que le manque des couleurs renforce l'image sombre et déprimante de la vie dans la banlieue. Il faut aussi tenir compte que la plupart des scènes à Paris **soient (2)** tournées pendant la nuit **mettant (6)** en valeur un autre côté de Paris **qui (3)** est violent, le réalisateur brise l'image de Paris qui est une ville romantique, par conséquence il me semble que c'est une stratégie **qui (3) a** obtenu son objectif et **qu**'elle devrait être étudié par les générations futures.*

*Ce qui m'a frappé le plus c'est le début du film on a vu des images d'émeutes **ce qui (3)** renforce davantage le côté réaliste du film, le fait qu'on a écouté des paroles violentes de Bob Marley, le metteur en scène a pu sensibiliser le public et **le (3)** laisser réfléchir à **ce qui (3)** va se passer plus tard dans le film, de plus le hip hop était toujours conçu comme des chansons de révolte, une technique puissante pour **qu'il puisse (2)** montrer à l'audience et aux générations futures qu'il s'agit de confrontations entre les jeunes et les forces de l'ordre, à la fin le générique est mis en silence, c'est une technique qui permet aux spectateurs d'absorber le choc **qui** vient de se passer à la fin.*

*Matthieu Kassovitz a introduit les personnages d'une façon originale **ce qui (3)** est sans doute ma technique préférée et **la plus importante (4)** du film, une technique **que (3)** les générations futures peuvent l'utiliser **en introduisant (6)** les acteurs principaux, l'introduction était typographique , d'abord Saïd il a écrit son prénom comme graffiti sur le camion de police, il a aussi changé le message ironique " le future est à vous/nous" ce qui est à mes yeux un message très puissants pour montrer au public et aux générations futures son caractère lâche tandis que Vinz s'est introduit quand la camera avançait vite vers sa bague qui est sous une forme d'un poigné américain ce qui renforce davantage son côté violent, par contre le nom d'Hubert était sur l'affiche dans la sale de box, **le fait que Hubert soit (2)** tourné en ralenti suggère qu'il est différent des autres, **ce dernier (3)** représente l'aspect* pacifiste par exemple il dissuade Vinz **de ne pas tuer (7)** le policier, ainsi que sa référence que " La haine attire la haine", il est plus respectueux envers sa famille, cette technique est très efficace pour montrer aux générations futures que les banlicusards ne sont pas tous violents , étant donné qu'il y a certains qui veulent partir de la banlieue.

Ce **qu'on puisse (2)** dire pour conclure est **que** Matthieu Kassovitz a pu provoquer certaines émotions chez le public, il a réussi à choquer l'audience **en utilisant** des techniques efficaces et fortes à fin d'atteindre certains objectifs, j'estime que Kassovitz a réussi à créer un impact fort sur le public à l'époque mais aussi **celui (3)** d'aujourd'hui, par contre **si j'étais le metteur en scène, j'ajouterais (5)** un peu de l'humour dans le film pour montrer au public que les gens de la banlieue ont de l'humour aussi en dépit de leur situation lamentable.

La Haine Essay 2

Analysez les influences principales sur Mathieu Kassovitz. A votre avis, est-ce que ces influences ont été plus fortes sur ses thèmes ou sur ses techniques ? [40 marks]

Après avoir analysé le film (7) je pourrais dire que la Haine' est un film basé sur une histoire vraie, il a été tourné en 1995 et c'est un film intemporel. **Matthieu Kassovitz a été influencé par les événements (1)** qui sont produits dans la banlieue de Paris en un seul jour, le film s'est concentré sur les thèmes de l'identité, le respect et la violence entre les jeunes banlieusards et les forces de l'ordre. Le film est inspiré d'une histoire vraie d'un jeune qui **a été tué par un policier (1)** lors de sa garde à vue.

Premièrement, les sujets très dramatiques dans notre société comme le racisme et la discrimination ont influencé Kassovitz à utiliser l'image en noir et blanc pour mettre l'accent sur les conflits entre les minorités et la police. Je pense **que (3)** cette influence a été plus forte sur la technique, donc le noir représente les minorités et le blanc représente la police car ils sont sur le côté opposé. Il y a deux côtés de Paris, et cela a poussé Kassovitz à montrer au public la réalité Parisienne, alors il a choisi le manque des couleurs pour être ironique puisque Paris est perçue par d'autres comme une ville très romantique et vivante et **en la (3) montrant**

(6) comme une ville très sombre dans le film, cela peut souligner la tristesse et la vie déprimante du ghetto, par conséquence il me semble que c'est une stratégie plus forte.

Deuxièmement, **Kassovitz a également été influencé par le malaise (1)** *des jeunes banlieusards issus de l'immigration, le mauvais traitement que les jeunes, dans la banlieue reçoivent souvent de la police et c'est une chose* **qu'***on peut voir constamment sur les actualités. Kassovitz a utilisé l'agressivité de Vinz comme un exemple de comment la France traite les immigrants, et comment ils choisissent de* **les (3)** *rassembler tous dans les mêmes cités et* **les (3)** *discriminer.*

Matthieu Kassovitz a introduit les personnages d'une façon originale ce qui est sans doute ma technique préférée et **la plus importante (4)** *du film, d'abord Saïd il a écrit son prénom comme graffiti sur le camion de police, il a aussi changé le message ironique " le future est à vous/nous" ce qui est à mes yeux un message très puissant, tandis que Vinz s'est introduit quand la caméra avançait vite vers sa bague qui est sous une forme d'un poigné américain ce qui renforce davantage son côté violent, par contre le nom d'Hubert était sur l'affiche dans la sale de box, le fait que Hubert* **soit** *tourné en ralenti suggère qu'il est différent des autres, il représente l'aspect pacifiste par exemple* **ce dernier (3)** *dissuade Vinz de ne pas tuer le policier, ainsi* **que** *sa référence que " La haine attire la haine", il est plus respectueux envers sa famille, cette technique est très efficace pour montrer que les banlieusards ne sont pas tous violents , étant donné qu'il y a beaucoup* **d'eux (3)** *qui veulent partir de la banlieue. Cette technique a été utilisé pour représenter le thème de la violence et que les jeunes n'avaient pas beaucoup de choses à faire pendant la journée donc il ils ressentent la haine vers la société et la police.* ***Si je pouvais changer quelque chose dans ce film, je ferais (5)*** *peut-être des interviews avec des policiers aussi pour comprendre leur point de vue.*

Le film a commencé par des images d'émeutes ce qui renforce davantage le côté réaliste du film, ce qui montre aussi les tensions raciales entre les jeunes et la police, on a écouté des paroles violentes de Bob Marley, cette technique du son était efficace surtout à la fin le générique est mis en silence, pour permettre aux spectateurs d'absorber le choc qui vient de se passer à la fin, on voit la même violence aujourd'hui comme si rien n'a changé et à l'époque ce thème était un tabou.

*Pour conclure, je dirais que **bien que l'influence principale sur Kassovitz ait été (2)** le manque de la sensibilisation sociale d'une réalité française sur la brutalité de la police qui est encore très présente dans la vie quotidienne des jeunes, cela a influencé le metteur en scène **que (3) j'ai étudié,** cependant, il me semble que toutes les influences ont été plus fortes sur ses thèmes comme le racisme et les différences entre la police et les minorités, donc il a utilisé des techniques très efficaces pour évoquer ses messages.*

La Haine Essay 3

« Pour beaucoup de critiques, La Haine est un chef d'œuvre du cinéma. » Dans quelle mesure êtes-vous d'accord avec ce jugement? [40 marks]

Après avoir étudié le film (7) je pourrais dire que la haine est un film qui a été tourné en 1995 par Mathieu Kassovitz. Le film est inspiré d'une histoire vraie **d'un jeune qui a été tué par un policier (1)**. Le fait que Matthieu Kassovitz s'est servi de nombreuses stratégies pour faire réagir le public **en analysant (6)** la société française et le fait que le film **soit (2)** intemporel est un testament **que (3)** c'est un chef d'œuvre du cinéma.

Bien que le film **soit** tourné en couleur, mais Kassovitz **(3) l'a** changé au montage en noir et blanc, une stratégie très efficace **en rappelant** aux spectateurs qu'il ne s'agissait pas d'un documentaire mais plutôt des évènements dramatiques **ce qui (3)** est une réalité dans la banlieue , Matthieu Kassovitz a réussi **en montrant (6)** que le manque des couleurs renforce l'image sombre et déprimante de la vie dans la banlieue , le temps sur l'écran montre la vie ennuyeuse en 24h et le tic-tac ajoute au suspense ainsi que la plus part des scènes à Paris **soient (2)** tournées pendant la nuit **mettant (6)** en valeur un autre côté de Paris qui est violent et déprimant au lieu de la ville romantique, seulement les chefs d'œuvre peuvent influencé le public 21 ans plus tard. **Si je pouvais changer quelque chose dans ce film, je ferais (5)** peut-être des interviews avec des policiers aussi pour comprendre leur point de vue.

Le film a commencé par des images d'émeutes **ce qui (3)** renforce davantage le côté réaliste du film, ce qui montre les tensions raciales entre les jeunes et la police, *on a écouté des paroles violentes de Bob Marley, cette technique du son était efficace surtout à la fin le générique est mis en silence, pour permettre aux spectateurs d'absorber le choc **qui (3)** vient de se passer à la fin, on voit la même violence aujourd'hui comme si rien n'a changé et à l'époque ce thème était un tabou, donc il a eu un impact sur les gens que seul les chefs d'œuvre peuvent avoir cet effet.*

*Matthieu Kassovitz a introduit les personnages d'une façon typographique **ce qui (3)** est sans doute la technique **la plus intéressante (4)**, Saïd il a écrit son prénom comme graffiti sur le camion de police, il a changé le message ironique " le future est à vous/nous" **ce qui (3)** est à mes yeux un message très puissants tandis que Vinz est introduit quand la caméra montrait sa bague **ce qui** renforce davantage son côté violent, Vinz ne parle que de se venger, par contre le nom d'Hubert était sur l'affiche dans la sale de box, le fait que Hubert **soit** tourné en ralenti suggère qu'il est différent des autres, il est pacifiste par exemple il a dissuadé Vinz de ne pas tuer le policier, ainsi que sa référence que " La haine attire la haine", selon moi le film a eu un impact dans le monde cinématographique on mentionne ce film à chaque fois il y a des tensions raciales, donc c'est une preuve qu'il s'agit d'un chef d'œuvre.*

***Ce qu'on puisse (2)** dire pour conclure est **que (3)** Matthieu Kassovitz a pu provoquer certaines émotions chez le public, il a réussi à **les (3)** choquer en **utilisant (6)** des techniques efficaces et fortes afin d'atteindre certains objectifs, j'estime que Kassovitz a réussi à créer un impact fort sur le public à l'époque lors de sa sortie ainsi que **celui (3)** d'aujourd'hui.*

La Haine Essay 4

Analysez la représentation de la vie en banlieue dans ce film. Dans quelle mesure est-ce que c'est une représentation justifiée? [40 marks]

Après avoir étudié le film (7) je pourrais dire que la haine est **un film qui a été tourné en 1995 par Mathieu Kassovitz (1)**. Le film est inspiré d'une histoire vraie d'un **jeune qui a été tué par un policier (1)**. Le fait que Matthieu Kassovitz s'est servi de nombreuses stratégies pour faire réagir le public **en analysant (6)** la société française et le fait que le film **soit** intemporel est un testament que c'est un chef d'œuvre du cinéma.

Après avoir analysé le film **(7)** *je pourrais dire* **que (3)** *La représentation de la banlieue était plutôt déprimante, il y avait un manque de couleur, mais Kassovitz a voulu donner cette impression car bien que le film* **soit (2)** *tourné en couleur, mais Kassovitz* **(3)** *l'a changé au montage en noir et blanc, une stratégie très efficace* **en rappelant (6)** *aux spectateurs* **qu'***il ne s'agissait pas d'un documentaire mais plutôt des évènements dramatiques* **ce qui (3)** *est une réalité dans la banlieue , Matthieu Kassovitz a réussi* **en montrant (6)** *que le manque des couleurs renforce l'image sombre et déprimante de la vie en banlieue , le temps sur l'écran montre la vie ennuyeuse en 24h et le tic-tac ajoute au suspense ainsi que la plus part des scènes à Paris* **soient (2)** *tournées la nuit* **mettant (6)** *en valeur un autre côté de Paris* **qui (3)** *est violent et déprimant au lieu d'une ville romantique, , cette représentation est justifiée , car on a regardé les jeunes qui passaient des heures à bavarder et n'avait rien à faire, on a aussi vu* **que (3)** *les jeunes passaient toute la journée sur le toit du bâtiment.*

Le film a donné une image violente de la banlieue **en commençant (6)** *par des images d'émeutes ce qui renforce davantage le côté réaliste du film,* **ce qui (3)** *montre les tensions raciales entre les jeunes et la police, on a écouté des paroles violentes de Bob Marley, cette technique du son était efficace surtout à la fin le générique est mis en silence, pour permettre aux spectateurs d'absorber le choc* **qui (3)** *vient de se passer à la fin, on voit la même violence aujourd'hui comme si rien n'a changé et à l'époque ce thème était un tabou, cette représentation est justifiée car plusieurs années sont passées et on discute toujours des mêmes problèmes de violence ainsi que le racisme dans la banlieue.*

Matthieu Kassovitz a introduit les personnages d'une façon typographique **ce qui (3)** *est sans doute la technique* **la plus intéressante (4)** *, Saïd il a écrit son prénom comme graffiti sur le camion de police, il a changé le message ironique " le future est à vous/nous"* **ce qui(3)** *est à mes yeux un message très puissants tandis que Vinz est introduit quand la caméra montrait sa bague ce qui renforce davantage son côté violent, Vinz ne parle que de se venger, par contre le nom d'Hubert était sur l'affiche dans la salle de boxe, le fait que Hubert* **soit (2)** *tourné en ralenti suggère qu'il est différent des autres, il est pacifiste par exemple il a dissuadé Vinz de* **ne pas tuer** *le policier, ainsi que sa référence que " La haine attire la haine", Kassovitz voulait montrer au public* **que (3)** *dans la banlieue il y a beaucoup de gens qui veulent s'échapper et avoir une meilleure qualité de vie, cette représentation est justifiée vu* qu'on ne parle jamais de ces gens à la télé.

Ce qu'on puisse (2) dire pour conclure est **que (3)** Matthieu Kassovitz a pu provoquer certaines émotions chez le public, il a réussi à choquer l'audience **en utilisant (6)** des techniques efficaces et fortes afin d'atteindre certains objectifs, j'estime que Kassovitz a réussi à créer un impact fort sur le public à l'époque de sa sortie ainsi que le public d'aujourd'hui. , par contre **si j'étais le metteur en scène, j'ajouterais (5)** un peu de l'humour dans le film pour montrer au public que les gens de la banlieue ont de l'humour aussi en dépit de leur situation lamentable.

Albert Camus- L'Étranger Essay

Analysez les rapports entre Meursault et les autres dans le livre l'Étranger.

L'Étranger est un roman qui a été écrit par Albert (1) Camus dans les années 40. Camus est un érudit renommé **après avoir écrit** plusieurs romans **dont (3)** il a eu le prix Nobel de la littérature pour son livre l'Étranger, **ce dernier (3)** nous donne à réfléchir à travers le protagoniste Meursault et la philosophie de l'absurde.

Après avoir lu le roman (7) je pourrais dire que Les rapports entre un individu et les autres ont une grande importance dans ce livre vu que Meursault refuse toutes les conventions sociales, il est en déchirure avec la vie réelle, il refuse de jouer le jeu, cet homme paraît étranger car il n'est pas capable d'avoir des rapports normaux avec les autres.

Tout d'abord, étant donné que Meursault rejette les conventions sociales, donc la société le condamne, prenons à titre d'exemple le fait qu'il ne savait pas quel jour sa mère est morte, **en commençant (6)** par « Aujourd'hui ma mère est morte , ou peut-être hier, je ne sais pas...», il ne suit pas les conventions sociales, il fumait devant le cercueil de sa mère, pour lui il aimait sa mère, tandis que pour les lecteurs il est incapable d'aimer quelqu'un, **si vraiment il aimait sa mère, il se comporterait (5)** d'une façon différente « Sans doute j'aimais bien maman, mais cela ne voulait rien dire. Tous les êtres sains avaient plus ou moins souhaité la mort de ceux qu'ils aimaient », on aperçoit qu'il est sorti voir un film le soir de l'enterrement, ses attitudes ne conviennent pas à un comportement d'un homme qui fait partie de ce monde.

*Sur le niveau personnel, Meursault semble d'être incapable d'avoir une relation avec sa copine Marie, son attirance est purement physique et quand elle **lui (3)** a demandé s'**il (3)** l'aimait, sa réponse était « Elle m'a demandé si je l'aimais. Je lui ai répondu que cela ne voulait rien dire, mais il me semblait que non ». On peut remarquer que l'amour n'a aucune signification pour **lui**, de plus en règle générale, il n'aime pas entretenir une relation avec les gens « ils m'avait posé des questions et je n'aime pas cela» car il les trouve ridicules, c'est une personne absurde, pour lui les objets ont **plus** d'importance **que** les humains.*

*On peut noter la relation **la plus importante(4)** dans ce livre est celle de Meursault avec Raymond, parce que **ce dernier (3)** le mène vers la peine de mort, il l'a aidé en écrivant la lettre pour sa maitresse afin **qu'il puisse (2) la (3)** punir, puis il témoigne en sa faveur au commissariat de police, tandis que Raymond pour montrer sa gratitude il a invité Meursault et Marie chez son copain pour passer l'après-midi au bord de la mer, cette visite **lui(3)** coûtera sa vie puisque l'Arabe sera aussi présent, ensuite les événements se succèdent et Meursault va commettre le crime qui va **le (3)** mener directe à la guillotine.*

*Meursault critiquait le système judiciaire, il n'a pas compris **qu**'il est nécessaire d'accepter la loi, pour être accepté dans la société, le juge représente la société dans son ensemble, du point de vu de Meursault **ce dernier (3)** a la tendance de punir les gens selon leurs apparences et pas selon leur vraie valeur, le juge donc (3) l'a condamné à mort parce qu'il n'a pas pleuré à l'enterrement de sa mère, il dit " J'accuse cet homme d'avoir enterré sa mère avec un cœur de criminel", tandis que Meursault ne voyait aucun problème avec le fait qu'il n'a pas pleuré.*

*Quant à la l'aumônier à chaque fois **le (3)** visitait, Meursault (3) l'agressait, il montre sa colère envers **lui (3)** et envers dieu, la société française dans les années 40 était religieuse, elle rejetait les gens qui n'étaient pas religieux. Meursault rejette le rôle de la religion, il croit qu'on doit payer pour nos actions, in ne pense pas que ce **soit (2)** juste que la religion **puisse (2)** pardonner, il nie l'existence de dieu.*

*Pour conclure, **tout ce qu'on puisse (2)** dire est **que (3)** Meursault est rejeté par la société parce qu'il refuse les conventions sociales et les piliers de la société, il n'est pas capable d'être proche avec les autres, donc il est Étranger.*

Student Example:

« Meursault est condamné non pas pour son crime mais pour son comportement suite à la mort de sa mère »

L'Étranger est un roman à succès qui a été écrit par Albert Camus, et publié en 1942. Bien qu'on puisse dire que cet livre aborde plusieurs thèmes essentiels, on ne peut pas nier que un des thèmes plus existe le plus significatif est le comportement de Meursault suite à la mort de sa mère, qui représente la philosophie de l'absurde de Camus, où "les codes moraux n'ont pas aucune base rationnelle ou naturelle." Selon moi, c'est vrai le comportement de Meursault qui a resulté en sa condemnation, plutôt que son crime; pourtant qu'il soit un débat varié.

Tout d'abord, commençons par explorer les relations de Meursault avec son ca sa copine, Marie, qui a été témoin à la cour comme testament de leur liaison. Premièrement, je trouve que le fait que Meursault a commencé la relation avec Marie, lendemain de l'enterrement de sa mère montre qu'il a été anormalement indifférent envers la mort, et c'est même choquant pour Marie, qui ne savait pas qu'il a été un homme qui a juste perdu sa mère les deux vont Meursault ils passent la nuit ensemble. La manque de remorse ou regret à la part de Meursault a montré à le procureur et la cour que son attitude était assez envers la mort de sa mère, un élément que je dirais a mené a sa peine dûr.

En plus, après avoir lu cet roman, il a devenu claire que Meursault a un grande manque d'émotions et en analysant les mots des autres témoins comme Pérez et le concierge au funeral, on peut voir ça. L'orsqu'on lui demandé s'il voulait voir sa mère pour la dernière fois, il a simplement répondu avec un simple "non", même et il a davantage accepté un café. Il semble que Meursault pense toujours de lui-même, comme quand il a pensé que tout le monde a lui jugé en la chambre avec sa mère morte. Il semblait comme si'il a été dans un "tribunal". Également il plaint toujours de la chaleur qui à mon avis est symbole utilisé par Camus pour montrer le conflict interieur de Meursault, expliquant aussi sa obsession avec l'eau (la piscine, la mer), au lieu de se préoccuper ou s'inquièter sur sa mère. A mes yeux ces facteurs ont contribué à sa condamnation pour le crime, étant donné qu'ils montrent que Meursault n'est pas capable de et ou d'emotions profondes, un concepte que la société de l'époque et même la société actuelle ne veut pas accepter. Camus évoque au-même temps la recent nécessité des humains, d'avoir un sens d'ordre.

Néanmoins, Bien que Meursault parvienne de cacher les emotions, Camus à coupé le poire en deux, en montrant qu'il y a un revers de la médaille. C'est vrai que Meursault a dit principalement que "Aujourd'hui maman est morte. Ou peut-être hier", ce qui souligne son détachement, mais il a aussi dit que "j'aimais bien" maman, la mère. Aussi, parfois il pense sur son passé et sa mère, donc quelques personnes peuvent disputer que Meursault n'est pas condamné pour son comportement suite à la mort de sa mère". En plus, le personnage 'Salamano' exprime sa compréhension à Meursault, révélant un autre côté de Meursault. Mais surtout, les principaux arguments contre ce qui j'avais exprimé dans les derniers paragraphes seraient que Meursault n'avait pas donné à la cour une réponse satisfaisante autour de pourquoi il a tué l'Arabe. Il semble que c'était une envie de préjudice et racisme, car il blâma point les doigts au "chaleur du soleil" et la "réflexion" du bouteau de lame du couteau. Aussi les autres facteurs, comme son de l'homme témoin pour Raymond, un homme notamment très mauvais, a influencé le procureur en pensant que Meursault davantage est un homme mauvais

Pour conclure, je pense que c'est vaut la peine analyser ce roman en profondeur. Si l'auteur n'avait pas utilisé quelques techniques littéraires comme l'utilisation d'autres personnages mineurs, serait moins

Paper 1

Most student on this paper lose many marks whilst writing the two summaries (There are 12 marks each=24 marks) as well as the translations (There are 10 marks each=20 marks). Most students do well on the other sections of this paper (Short answers, true or false section and choosing the correct answers). This is the most important part of your course as it is 50% of the grades.

In this section I will try to give students tips on how to write the two summaries in good standards as well as few translation tasks.

Writing listening summary:

Faites un résumé de l'interview en français (90 mots) vous pouvez mentionner les points suivants:
1) La fondation du Restos du Cœur (2 points)
2) Les actions du Restos du Cœur (2 points)
3) Les bénéficiaires du Restos du Cœur. (3 points)
Extra 5 marks for the quality of the language. (5 points)

It is easier if you could make your notes in English, then translate them into French, however, there is no harm in writing your notes straight in French if you could use *connectives and complex structures to link your sentences and write them in paragraph.*

1) Restos du Cœur were founded 30 years ago. (1)
2) They were founded by a humourist called Coluche. (1)
3) The aim is to give meals to homeless people. (1)
4) So that they go out from this situation. (1)
5) They also help mothers who cannot give treatment or feed their children. (1)
6) They can also help those who cannot read or write. (1)
7) They also offer work in their garden du cœur. (1)

Translation

1) Les Restos du Cœur étaient fondés il y a 30 ans
2) Ils étaient fondés par l'humouriste Coluche.
3) Le but est de donner des repas aux Sans-abri (SDF)
4) Pour qu'ils puissent sortir de cette situation.
5) Ils aident aussi les mères qui ne peuvent pas soigner ou nourrire (donner la nourriture à) leurs enfants.
6) Ils peuvent aussi aider ceux qui ne peuvent pas lire ou écrire.
7) Ils offrent du travail dans les Jardins du cœur.

You need to include complex structures: *(They are in bold):*
- Use of passive voice (1)
- Use of Subjunctive (2)
- Use of différent pronouns (3)
- Use of Superlative/Comparative (4)
- Use of Si clause (5)
- Use of gerund/ Present participle (6)
- Use of infinitive /Infinitive past (7)

> **Après avoir écouté l'audio (7) je pourrais dire que** les Restos du Cœur ont été fondés il y a 30 ans, ils sont parmi les associations **les plus connus (4), ils ont été fondés par l' humoriste (1)** Coluche **dont (3)** le but était de donner des repas aux SDF en **les (3) gardant (6)** chauds pour **qu'ils puissent (2)** sortir de cette situation, ils aident les jeunes mères qui ne peuvent pas soigner ou nourrir leurs enfants, **leur (3)** travail ne se limite pas à la nourriture, Ils peuvent aussi aider ceux qui ne peuvent pas lire ou écrire ainsi qu'ils offrent du travail dans les Jardins du cœur.

Note- Try not to go above 100 words as the examiner will stop reading after 100 words.

Writing reading summary:

> La Tapisserie de Bayeux, aussi connue sous le nom de Tapisserie de la reine Mathilde, et plus anciennement « toile de la Conquête ») est une broderie du XIe

siècle inscrite depuis 2007 au registre Mémoire du monde par l'UNESCO.
Elle décrit des faits allant de la fin du règne du roi d'Angleterre Édouard le Confesseur en 1064 à la bataille d'Hastings en 1066, dont l'enjeu était le trône d'Angleterre, contesté à Harold Godwinson par Guillaume (son frère), duc de Normandie. Les événements clés de la bataille, dont l'issue détermina la conquête normande de l'Angleterre, y sont détaillés, mais près de la moitié des scènes relatent des faits antérieurs à l'invasion elle-même. Elle semble avoir été commandée par Odon de Bayeux, le demi-frère de Guillaume et réalisée au cours des années qui ont suivi la conquête.
Bien que très favorable à Guillaume le Conquérant, au point d'être considérée parfois comme une œuvre de propagande, elle a une valeur documentaire inestimable pour la connaissance du XIe siècle normand et anglais. Elle renseigne sur les vêtements, les châteaux, les navires et les conditions de vie de cette époque. À ce titre, elle constitue un des rares exemples de l'art roman.
Conservée jusqu'à la fin du XVIIIe siècle dans le Trésor de la cathédrale de Bayeux, elle échappa de peu à la destruction lors de la Révolution française. Elle est aujourd'hui présentée au public au centre Guillaume le Conquérant qui lui est entièrement dédié.
Wikipédia source

Faites un résumé en français (90 mots) vous pouvez mentioner les points suivants:
1) Des informations sur la tapisserie de Bayeux. (3 points)
2) Les événements clés qui ont été décrits. (2 points)
3) La conservation de la tapisserie. (2 points)
Extra 5 marks for the quality of the language. (5 points)

1) The tapestry of Bayeux is a work of the 11th century. (1)
2) It is registered by the UNESCO since 2007. (1)
3) It describes events up to the battle of Hastings in 1066. (1)
4) The key events are the Norman conquest of England. (1)
5) As well as scenes before the invasion. (1)
6) The tapestry has been preserved by the cathedral of Bayeux in their treasure. (1)
7) It is today at the centre William the Conqueror. (1)

Translation

1) La tapisserie de Bayeux est une œuvre du 11eme siècle. (1)
2) Elle est inscrite par l'UNESCO depuis 2007. (1)
3) Elle décrit des événements jusqu'à la bataille d'Hastings en 1066. (1)
4) Les événements clés sont la conquête normande de l'Angleterre. (1)
5) Ainsi que des scènes avant l'invasion. (1)
6) La tapisserie a été conservé par la cathédrale de Bayeux dans leur trésor. (1)
7) Elle est aujourd'hui au centre Guillaume le Conquérant. (1)

You need to include complex structures: **(They are in bold):**
- *Use of passive voice (1)*
- *Use of Subjunctive (2)*
- *Use of différent pronouns (3)*
- *Use of Superlative/Comparative (4)*
- *Use of Si clause (5)*
- *Use of gerund/ Present participle (6)*
- *Use of infinitive /Infinitive past (7)*

> *Après avoir lu le texte (7),* je pourrais dire **que (3)** la tapisserie de Bayeux est une œuvre parmi les œuvres **les plus importants (4)** du 11eme siècle **décrivant (6)** des événements jusqu'à la bataille d'Hastings en 1066, de plus, elle est inscrite par l'UNESCO depuis 2007.
>
> Les événements clés sont la conquête normande de l'Angleterre ainsi que des scènes avant l'invasion. **La tapisserie a été conservé par la cathédrale de Bayeux (1)** dans **leur (3)** trésor, tandis qu'elle est aujourd'hui au centre Guillaume le Conquérant pour que les gens **puissent (2) la (3)** visiter.

Note- Try not to go above 100 words as the examiner will stop reading after 100 words.

Translations

Family

1) Traduisez le passage en anglais. (10 points)

Des études récentes sur le suivi des enfants adoptés par les couples homosexuels montrent qu'ils n'ont pas plus de risques d'être traumatisés psychologiquement, ainsi que des couples de femmes ou d'hommes sont capables d'élever des enfants et leur donner beaucoup d'amour. Les sociétés devraient évoluer et les mentalités aussi pour que nous soyons des sociétés modernes.

2) Traduisez le passage en français. (10 points)

A child is born of a father and a mother, he/she must have both as a reference. This is how nature is made. All researches say it: the family is the représentation of the child's world that is going to allow him/her to build his personality. It is evident that he/she needs both parents for his/her balance. The society seem to evolve but in the wrong way.

Correction
1)

Des études récentes	recent studies
sur le suivi	on the follow up
des enfants adoptés	of adopted children
par les couples	by homosexual (homosexual needs to be before couples)
homosexuels	couples
montrent	show
qu'ils n'ont pas	that they do not have
plus de risques	more risks

d'être traumatisés	of being traumatised
psychologiquement	psychologically
ainsi qu'un	as well as
couple de femmes ou d'hommes	men and women couples
sont capables	are capable
d'élever des enfants	of raising children
et leur donner	and give them
beaucoup d'amour.	lots of love.
Les sociétés devraient changer	Societies should change
et les mentalités aussi	and mentalities as well
pour que nous soyons	so that we are
des sociétés modernes.	modern societies.

2)

A child is born	Un enfant est né	
of a father	d'un père	
and a mother	et d'une mère	
He/she must	il doit	reject elle because un enfant is masculine word
have both	avoir les deux	
as a reference	comme référence	
this is how	C'est comme ça que	
nature is made	la nature est faite.	reject fait
all researches say it	Tous les recherches le disent:	reject dit le/disent le
The family is the représentation	la famille est la représentation	
of the child's birth	du monde de l'enfant	
that is going to allow him	qui va lui permettre	accept: qui lui permettra
to build his/her personality	de construire sa personnalité.	
It is evident that he/she	Il est évident qu'il ait	reject: il a
needs both parents	besoin les deux parents	
for his balance.	pour son équilibre.	
The society seem	la société semble	
to evolve	d'évoluer	
but in the wrong	mais dans le mauvais	accept: la mauvaise direction
way.	sense.	

La Cyber-société
1) *Traduisez le passage en anglais. (10 points)*

Huit jeunes internautes sur dix utilisent des réseaux sociaux comme Facebook malgré les problèmes de confidentialité qui lui ont été reprochés. Peut-être que toi aussi, tu te connectes tous les jours à Facebook, ce dernier a introduit des changements au niveau des réglages alors les gens peuvent désormais modifier leurs préférences pour empêcher cet abus.

Les gens sont moins rassurés, ils veulent plus de garanties par Facebook pour protéger leurs données personnelles.

2) Traduisez le passage en français. (10 points)

I use my mobile phone to connect to internet as well as to chat with my friends using applications (apps) such as WhatsApp. These types of applications have made it easier for people, so they are able to make free calls within the country and also abroad.

Personally, I use WhatsApp on daily basis, this helps me to stay in touch with my cousins in Africa, we share pictures and videos as well as making video calls, I feel like living with them.

Correction

1)

Huit jeunes	eight young
internautes	internet users (internauts)
sur dix utilisent	out of ten use
des réseaux sociaux	social networks
comme Facebook malgré	such as Facebook despite
les problèmes de confidentialité	the privacy issues (problems of confidentiality)
qui lui ont été reprochés.	that it has been accused of.
Peut-être que toi aussi	you also may be
tu te connectes	you connect
tous les jours à Facebook.	to Facebook everyday
ce dernier a introduit des changements	the latter (has) introduced changes
au niveau des réglages	in the settings
alors les gens peuvent	so people can
désormais	from now on
modifier leurs préférences	modify their preferences
pour empêcher cet abus.	in order to prevent this breach.
Les gens sont moins rassurés	People are less reassured (convinced)
ils veulent plus de garanties	they want more guaranties
par Facebook pour protéger	by Facebook in order to protect
leurs données personnelles.	their personal data.

2)

I use my mobile phone	j'utilise mon (téléphone) portable	Accept: je fais usage de mon
to connect to internet	pour me connecter	Reject:

		connecter
as well as	aussi	
to chat	pour discuter (Bavarder/papoter)	Accept: chatter
with my friends	avec mes copains (amis)	
using applications (apps).	en utilisant des applications	Reject: utiliser
such as WhatsApp	comme WhatsApp	
These types of applications	ces genres d'applications	
have made it easier for	a rendu la vie facile aux	accept: pour les gens
people so they are able to make free calls within	gens pour qu'ils puissent faire des appels gratuits à l'intérieur	Accept: dans le pays
the country and also abroad.	du pays et aussi à l'étranger.	
Personally,	personnellement,	Accept: à titre(au niveau) personnel
I use WhatsApp on daily basis,	j'utilise WhatsApp quotidiennement	Accept: au quotidien/ tous les jours
this helps me to stay in touch	cela m'aide à rester en contacte	
with my cousins in Africa,	avec mes cousins en Afrique,	
we share	on partage (nous partageons)	
pictures and videos	des photos et des vidéos	
as well as making video calls,	ainsi qu'on fait des appels vidéo,	
I feel like	je sens comme si	
living with them.	je vivais avec eux.	

Le bénévolat

1) Traduisez le passage en anglais. (10 points)

Aujourd'hui un sur cinq des jeunes de moins de 18 ans adhèrent à une association caritative. Les jeunes ne font aucun travail bénévole ni ponctuel ni occasionnel. Il faut promouvoir l'importance du bénévolat parmi les jeunes.
Pour ceux qui veulent aider les sans-abris, il y a beaucoup d'associations caritatives comme les Restos du Cœur, votre aide est essentiel pour qu'on puisse les garder aux chauds pendant l'hiver.

2) Traduisez le passage en français. (10 points)

Charity work is a French tradition and well established for a long time. When we commit ourselves, we give our time for the good of the others.
Young people have tendency to do more seasonal missions. In France we can become volunteer in an association from the age of 15. We should raise awareness among young people and educate them on global issues. Volunteering could be a good opportunity to have a work experience for personal development.

Correction

1)

Aujourd'hui	today
un sur cinq	one out of five
des jeunes	of the youth (young people)
de moins de 18 ans	below the age of 18
adhèrent à	subscribe/enrol/ register with
une association caritative.	a charity organisation
Les jeunes ne font aucun	the youth (young people) do not do any
travail bénévole	volunteering work/charity work
ni ponctuel ni occasionnel.	neither seasonal, nor casual.
Il faut promouvoir	We must promote
l'importance du bénévolat	the importance of volunteering/charity work
parmi les jeunes.	among the youth (young people).
Pour ceux qui veulent	for those who want
aider les sans-abris,	to help the homeless people,
il y a beaucoup d'associations caritatives	there are many charity organisations
comme les Restos du Cœur,	such as (like) The Restos du Coeur,
votre aide	your help
est essentiel pour qu'on puisse	is essential so that we can
les garder	keep them
au chaud pendant l'hiver.	warm during winter.

2)

Charity work is	Le bénévolat est	
a French tradition	une tradition française	Reject: française tradition
and well established	et bien établi(e)	
for a long time.	depuis longtemps.	
When	Quand	
we commit ourselves,	on s'engage	nous nous engageons
we give our time for	on donne notre temps pour	nous donnons
the good of the others.	le bien des autres.	

Young people have tendency	Les jeunes ont une tendance	
to do more seasonal missions.	de faire plus de missions ponctuelles.	Reject: seasonielles
In France we can become	En France on peut devenir	nous pouvons
volunteer in an association	bénévole	Accept: volontaire
from the age of 15.	dès l'âge de 15 ans.	Accept: à partir de l'âge
We should raise awareness	On devrait sensibiliser	Nous devrions
among young people and	les jeunes et	
educate them on global issues.	les éduquer au sujet des problèmes dans le monde.	Accept: sur les
Volunteering	Le bénévolat	
could also be a good opportunity	pourrait aussi être une bonne occasion	
to have a work experience	pour avoir une expérience professionnelle	
for personal development.	pour un développement personnel.	

Le Patrimoine

1) Traduisez le passage en anglais. (10points)

Bien que le tourisme soit très important pour le pays, il y a aussi beaucoup d'inconvénients tels que l'effet néfaste sur le site lui-même à cause de la sur-fréquentation, de plus, les villes subissent une transformation d'une ville calme à un endroit touristique bondé, où les vendeurs des souvenirs et les restaurants moins chers remplacent le caractère local. Ce genre de choses crée des tensions entre les touristes et la population locale.

2) Traduisez le passage en français. (10points)

The French food is varied, delicious and well known around the world, it is therefore not surprising that we find French food products everywhere in the world. Cheese is as popular as wine. Gastronomy has always been useful to sell the image of France. The government has established a new organisation which will have the task of promoting other aspects of France, such as fashion and cinema.

Correction

1)

Bien que le tourisme	Although tourism
soit très important	is very important
pour le pays,	for the country,
il y a aussi beaucoup	there are also many
d'inconvénients tels que	disadvantages such as
l'effet néfaste sur	the harmful effect on
le site lui même	the site itself
à cause de la sur-fréquentation,	due to the over-visiting,
de plus	moreover (furthermore)
, les villes subissent	towns undergo
une transformation	a transformation (change)
d'une ville calme à	from a quiet town to
un endroit touristique bondé, où	a crowded touristic place, where
les vendeurs des souvenirs et	souvenirs sellers and
les restaurants moins chers remplacent	cheap restaurants replace
le caractère local.	the local character.
Ce genre de choses	This type of things
crée des tensions	create tensions
entre les touristes et	between tourists
la population locale.	and the locals (local population).

2)

The French food	La cuisine française	Accept: La nourriture
is varied,	est variée,	Reject: varié
delicious and	délicieuse et	
well known	bien connue	
around the world,	autour du monde	
it is therefore not surprising that	il n'est pas donc surprenant qu'	
we find	on trouve	
French food products	les produits alimentaires français	Reject: la nourriture
everywhere in the world.	partout dans le monde.	
Cheese is	Le fromage est	
as popular as	aussi populaire que	
wine.	le vin.	
Gastronomy has always been useful	La gastronomie a toujours été utile	Accept: a été toujours
to sell the image of France.	pour vendre l'image de la France.	
The government has established	Le gouvernement a créé	Accept: a établi
new organisation which	une nouvelle organisation qui	Reject: nouveau

		organisation Accept: nouveau organisme
will have the task of	aura la tâche de	Accept: la responsabilité
promoting other	promouvoir les autres	
aspects of France, such as	aspects de la France, comme	
fashion and cinema.	la mode et le cinéma.	

La musique Francophone

1) Traduisez le passage en anglais. (10points)

Il y a beaucoup de festivals dans le monde francophone qui célèbrent la musique française. Je dirais qu'ils attirent environ une trentaine de millions de spectateurs chaque année. Les festivals les plus connus se déroulent en France et au Canada pendant le printemps et l'été pour attirer la plus grande audience. Ces festivals encouragent et promeuvent des nouveaux talents musicaux et présentent des artistes bien connus ainsi que des figures montantes. Quelque fois l'entrée à ces festivals est gratuites, tandis que d'autres sont payants.

2) Traduisez le passage en français. (10 points)

Many people in Europe don't know much about Francophone music. They have always preferred Anglo-American music due to its dominance.
If they listened to more Francophone music, they would appreciate the culture more. They will also realise that there are many different styles. Francophone music has produced many great talents such as David Guetta et Daft Punk. Celine Dion also adopted a very sophisticated language and musical style and the great JJ Goldman was an endless source of inspiration for her. Her modern musical arrangements appeal to all generations.

Correction

1)

Il y a beaucoup de	There are many/a lot of/lots of
festivals dans	festivals in
le monde francophone	the francophone world
qui célèbrent	that celebrate
la musique française.	the French music.
Je dirais qu'ils attirent	I would say that they attract
environ une trentaine de millions	about thirty million
de spectateurs chaque année	of spectators (fans) each year.
. Les festivals les plus connus	The most well-known (famous)

	festivals
se déroulent en France et au Canada	take place in France and in Canada
pendant le printemps et l'été pour attirer	during spring and summer to attract
la plus grande audience.	the biggest audience.
Ces festivals	These festivals
encouragent et promeuvent	encourage and promote
des nouveaux talents musicaux et présentent	new musical talents and present
des artistes bien connus	well-known artists
ainsi que des figures montantes.	as well as rising stars
Quelque fois l'entrée	sometimes the entry
à ces festivals est gratuites,	to these festivals is free
tandis que d'autres sont payants.	whereas for others there are charge.

2)

Many people in Europe don't know	Beaucoup de personnes en Europe ne connaissent pas	Accept: plusieurs personnes
much about Francophone music.	trop au sujet de la musique francophone.	Accept: beaucoup sur
They have always preferred	Ils ont toujours préféré	
Anglo-American music	la musique anglo-américaine	
due to its dominance.	à cause de sa dominance.	
If they listened	s'ils écoutaient	
to more Francophone music	plus de musique francophone	
they would appreciate the culture more.	ils apprécieraient plus la culture.	
They will also realise that	Ils réaliseront qu'	
there are many different styles.	il y a beaucoup de styles différents.	
Francophone music	La musique francophone	
has produced many great talents	a produit plusieurs grands talents	Accept: beaucoup
such as David Guetta et Daft Punk.	comme David Guetta et Daft Punk.	
Celine Dion also	Céline Dion a adopté	

adopted	aussi	
a very sophisticated language	un language	Accept: une langue
and musical style	et un style musical sophistiqué	
and the great JJ Goldman	et le grand JJ Goldman	
was an endless source of inspiration to her.	était une source d'inspiration infinie pour elle.	
Her modern musical arrangements	Ses arrangements musicaux modernes	
appeal to all generations	plaisent à toutes les générations.	

Le cinéma

1) Traduisez le passage en anglais. (10points)

Chaque année, le festival de Cannes attire des milliers de touristes, le but est de récompenser le meilleur film, le meilleur cinéaste ou le meilleur acteur/ actrice d'une compétition internationale. Beaucoup d'acteurs internationales connus ont reçu la Palme d'Or. Je pense que le festival devrait récompenser beaucoup plus d'acteurs français pour les encourager et promouvoir le cinéma français.
Depuis longtemps le film français ne parvient pas à remporter des grands prix, face à ce défi, qui n'est guère nouveau, une nouvelle association similaire à la nouvelle vague vont essayer de promouvoir le cinéma francophone.

2) Traduisez le passage en français. (10 points)

It is true that there are many films who became cult movies in the world, they became timeless, let's take the example of La Haine, he had a big success in the 90's.
There is also the film The Intouchables of Omar Sy, the film had a success and now he is acting in movies in Hollywood along with Vincent Cassel (Ocean 12) and Marion Cottillard (Inception), however the new generation has not heard of these films, therefore I think there is lots of work so that we can promote the French cinema to younger generation and beyond our borders.

Correction

1)

Chaque année,	each year
, le festival de Cannes attire	the Cannes festival attract
des milliers de touristes	thousands of tourists
le but est de récompenser le meilleur film	the goal/objective/aim is to reward the best film,
, le meilleur cinéaste ou le meilleur acteur/ actrice	the best film maker or the best actor/actress
d'une compétition internationale.	of an international competition.

Beaucoup d'acteurs internationales connus	Many famous/known international actors
ont reçu la Palme d'Or.	(have) received the Palme D'or(Golden palm).
Je pense que le festival	I think that the festival
devrait récompenser plus	should reward more
d'acteurs français pour les encourager	French actors to encourage them
et promouvoir le cinéma français.	and promote the French cinema.
Depuis longtemps,	For a long time,
le film français ne parvient pas	the French film does not manage
à remporter des grands prix,	to win big prizes,
face à ce défi,	facing this challenge,
qui n'est guère nouveau,	which is not scarcely new,
une nouvelle association similaire	a new association similar
à la nouvelle vague vont essayer de	to the new wave are going to try to
promouvoir le cinéma francophone.	promote the Francophone cinema.

2)

It is true	il est vrai	
that there are many films	qu'il y ait plusieurs films	
that became	qui sont devenus	
cult movies in the world,	des films culte dans le monde,	
they became timeless,	ils sont devenus intemporels.	
let's take the example of La Haine,	prenons l'exemple de la Haine,	
he had	il a eu	Accept: il avait eu/ il a connu
a big success in the 90's.	un grand succès dans les années 90.	
There is also the film	Il y a aussi le film	
The Intouchables of Omar Sy,	Les intouchables d'Omar Sy,	
the film had a success	le film a eu un succès	
and now he is acting in	et maintenant il tourne dans	
movies in Hollywood along with	des films à Hollywood avec	
Vincent Cassel and Marion Cottillard,	Vincent Cassel et Marion Cotillard,	
however, the new generation	cependant la nouvelle génération	
has not heard of	n'a pas entendu	

these films,	parler de ces films,	
therefore, I think there is lots of work	donc je pense qu'il reste beaucoup de travail à faire	Accept: il y a beaucoup de travail à faire
so that we can	pour qu'on puisse	Accept: pour que nous puissions
promote the French cinema	promouvoir le cinéma français.	
to younger people and beyond our borders.	aux jeunes au-delà de nos frontières.	

Les marginalisés

1) Traduisez le passage en anglais. (10points)

Selon l'article sur le journal l'Express, l'appel de l'abbé Pierre en 1954 a provoqué un choc en France pour aider les Sans-abris, alors à l'occasion de son anniversaire, une centaine de SDF ont manifesté devant le Sénat.
Prenons à titre d'exemple Fatima, elle est divorcée, sans emploi ainsi qu' elle a deux enfants, il n'y avait pas assez de place dans un foyer, par conséquence ils lui ont demandé de se séparer de son enfant aîné. De plus les SDF qui étaient avec elle n'avaient pas accès aux soins médicaux, ainsi que certains docteurs refusent de les soigner. Il faut sensibiliser les gens à soutenir les SDF.

2) Traduisez le passage en français. (10points)

In the past we used to discriminate against disability.30 years ago, certain jobs were barred to disable people and fifty years ago it was hard for disable people to have job security.
Many people didn't realise that autistic children needed help.it seems to me that the government is not doing enough regarding the autistic children in schools, I find it hard to believe that it's difficult to take care of them. We should raise awareness to encourage people to help and support so that everyone has an equal opportunity at work and in education.

Correction

1)

Selon l'article	according to the article
sur le journal l'Express,	on the express news paper
l'appel de l'abbé Pierre	the appeal/the call of Abbey Pierre
en 1954 a provoqué	(has) provoked in 1954
un choc en France	a Shock in France
pour aider les Sans-abris,	to help the homeless people,
alors à l'occasion de son anniversaire,	therefore, at the occasion of its anniversary,

une centaine de SDF ont manifesté devant le Sénat.	hundreds of homeless people demonstrated in front of the Senate.
Prenons à titre d'exemple Fatima,	let's take the example of Fatima,
elle est divorcée, sans emploi	she is divorced, unemployed
ainsi qu' elle a deux enfants, il n'y avait pas	she also has two children, there were not
assez de place dans un foyer,	enough place in shelter,
par conséquence,	consequently, as a result, therefore,
ils lui ont demandé de se séparer de son enfant aîné.	they asked her to separate with/from her eldest child.
De plus les SDF qui étaient	furthermore (moreover) the homeless people who were
avec elle n'avaient pas accès aux soins médicaux,	with her did not have access to medical care,
ainsi que certains docteurs ont refusé de les soigner.	some doctors also refused to care for them (treat them).
il faut sensibiliser les gens à soutenir les SDF.	We must raise awareness to support homeless people.

2)

In the past we used to discriminate	Dans le passé on discriminait/nous discriminions	
against disability.	contre l'handicape.	Accept: contre les handicapés
30 years ago,	il y a 30 ans,	
certain jobs were barred to disable people and	certain boulot était interdit aux handicapés et	
50 years ago, it was hard for	il y a 50 ans, c'était difficile pour	
disable people to have job security.	un handicapé d'avoir une sécurité de l'emploi.	Accept: une sécurité au travail/boulot
Many people didn't realise that	Plusieurs personnes n'ont pas rendu compte que	Beaucoup de gens Reject: realisé
autistic children needed help.	les enfants autistes ont besoin d'aide.	Accept: autistiques
it seems to me that the government	Il me semble que le gouvernement	
is not doing enough regarding	ne fait pas assez concernant	Accept: en ce qui concerne
the autistic children in schools,	les enfants autistes dans les écoles,	
I find it hard	je ne crois pas	
to believe that it's	que c'est difficile	

difficult		
to take care of them.	de s'occuper d'eux.	
we should raise awareness	On devrait	nous devrions
to encourage people	encourager les gens	
to help and support	à aider et soutenir	
so that everyone has	pour que tout le monde ait	Reject: a
an equal opportunity	une opportunité équitable	
at work and in education	au travail et à l'éducation.	

La criminalité

1) Traduisez le passage en anglais. (10 points)

La justice ne consiste pas uniquement en vengeance légitime et la punition des délinquants. Peu importe le rôle éducatif des établissements pénitentiaires pour mineurs et les centres éducatifs, qui eux aussi impliquent l'incarcération et tous les problèmes de réinsertion qui y sont associés.
Il faut reconnaître les causes et les effets de la délinquance. Notre société rejette les gens en situation précaire: C'est déjà une grosse injustice, s'ils répondent à l' indifférence de la société envers eux-mêmes par la violence ou la délinquance, ils en seront punis pour une deuxième fois, d'habitude par l'incarcération.

2) Traduisez le passage en français. (10 points)

In order to make prisons less crowded, we should use alternative sanctions such as community service and electronic bracelets, also impose more suspended sentences. Life imprisonment cost more than other sentences and is less effective to prevent re-offending. Death sentence is a violation of our human rights; however, life imprisonment has never reduced the criminality rate because in the USA the rate of offences is higher than Europe where it has been abolished. held for more than three decades.

Correction
1)

La justice	Justice
ne consiste pas	does not consist
uniquement en	only in
vengeance légitime et la punition	legitimate revenge and punishment
des délinquants. Peu importe	of delinquents (criminals). never mind
le rôle éducatif des établissements pénitentiaires	the educational role of the prisons
pour mineurs et les centres éducatifs,	for minors and the educational centres,
qui eux aussi impliquent l'incarcération et tous	which also involve incarceration (imprisonment) and all

les problèmes de réinsertion qui y sont associés.	the problems of integration that are associated with it.
Il faut reconnaître les causes et les effets de la délinquance.	We must recognise the causes and the effects of delinquency (crime).
Notre société rejette	Our society reject
les gens en situation précaire:	people who are in precarious situation:
C'est déjà une grosse injustice,	It's already a huge injustice,
s'ils répondent à	if they respond to
l' indifférence de la société envers eux-mêmes	the injustice of the society towards them
par la violence ou la délinquance,	by violence or delinquency (crime)
ils en seront punis	they will be punished for it
pour une deuxième fois,	for the second time,
d'habitude par l'incarcération.	usually by incarceration (imprisonment).

2)

In order to make	Pour rendre	
prisons less crowded	les prisons moins engorgées	Accept: bondées
we should use alternative sanctions	on devrait utiliser des peines alternatives	Accept: nous devrions
such as community service	comme le travail à intérêt général	Accept: le TIG
and electronic bracelets,	et les bracelets électroniques	
also impose	ainsi qu'imposer	Accept: aussi
more suspended sentences.	des peines de prison avec sursis.	Reject: suspendu
Life imprisonment	La réclusion à perpétuité	Accept: la prison à perpetuété
cost more than other	coûte plus chère que d'autres	
sentences and is less effective	peines et elle est. moins efficace	
to deter re-offending.	pour empêcher le récidivisme.	
Death sentence is	La peine de mort est	
a violation of our human rights,	une violation de nos droits humains,	
however, life imprisonment	cependant, La réclusion à perpétuité	
has never reduced	n'a jamais réduit	
the criminality rate because	le taux de la criminalité parce que	
in the USA the rate of	aux États-Unis le	

	taux	
offences are higher than Europe where	des délits est plus élevé qu'en Europe où	
it has been abolished for	elle a été abolie depuis	
more than three decades.	plus que trois décennies.	

Les ados et le droit de vote

1) Traduisez le passage en anglais. (10 points)

Selon un sondage les adultes pensent que les jeunes ne comprennent rien sur la politique, mais il y a une nouvelle génération qui sont vraiment intéressées. De plus les ados vivent par les décisions prise par les politiciens, il est évident que de nos jours les jeunes sont bien informés par rapport à la génération précédente du même âge.
Beaucoup de gens sont sceptiques sur la maturité des ados, parce que plusieurs étudiants sont influencés facilement par la publicité. On peut citer L'Ecosse comme un exemple vu que ce pays a donné le droit de vote aux ados pendant le dernier référendum.

2) Traduisez le passage en français. (10 Points)

According to young people, they can bring many qualities to politics, for example they can bring new ideas, also their ways of working in groups and in collaboration with others, and as young people have a revolutionary tendency, they can go straight to the front.
According to them, we can encourage them to commit in politics using their strength, also their will to bring a change, as many of them have a different vision compared to the elders, which is positive.

Correction

1)

Selon un sondage	According to a survey
les adultes	adults
pensent que les jeunes	think that young people
ne comprennent rien sur la politique,	do not understand anything about politics
mais il y a une nouvelle génération	but there is a new generation
qui sont vraiment intéressées.	that is really interested.
De plus, les ados vivent par	furthermore (moreover), teenagers live by
les décisions prise par les politiciens,	decisions taken by politicians,
il est évident que de nos jours	it is evident that nowadays
les jeunes sont bien informés par rapport	young people are well informed compared

à la génération précédente du même âge.	to the previous generation of the same age.
Beaucoup de gens sont sceptiques,	Many people are sceptical,
sur la maturité des ados	on the maturity of teenagers
parce que plusieurs étudiants sont influencés	because many students are influenced
facilement par la publicité.	easily by publicity (Marketing).
On peut citer	We can quote(cite/name)
L'Ecosse comme un exemple	Scotland as an example
vu que ce pays a donné	given that this country gave
le droit de vote aux ados	the right to vote to teenagers
pendant le dernier référendum.	during the last referendum.

2)

According to young people,	Selon les jeunes,	
they can bring	ils peuvent apporter	Accept: ramener
many qualities to politics,	plusieurs qualités pour la politique	Accept: beaucoup
for example, they can	, par exemple ils peuvent	
bring new ideas,	apporter des nouvelles idées,	
also, their ways of working in groups	ainsi que leurs façons de travailler en groupes	Accept: aussi
and in collaboration with others	et en collaboration avec les autres,	
, and as young people	et comme les jeunes	
have a revolutionary tendency,	ont une tendance révolutionnaire	
they can go	, ils peuvent aller	
straight to the front.	direct au front.	
According to them,	Selon eux,	
we can encourage them	on peut les encourager	
to commit in politics	à l'engagement dans la politique	
using their strength,	en utilisant leur force,	Reject: par utiliser
also, their will to bring a change	ainsi que leur volonté d'apporter un changement,	Accept: ramener
as many of them	comme beaucoup d'entre eux	Accept: plusieurs
have a different vision	ont une vision différente de la vie	
compared to the elders,	par rapport aux aînés,	
which is positive.	ce qui est positif.	

Les grèves et manifestations

1) Traduisez le passage en anglais. (10 Points)

Nous voulons que nos politiciens nous disent la vérité. Cependant, les gens de moins en moins ont un bon avis sur la classe politique. Les gens font confiance aux docteurs et aux enseignants, mais les politiciens ont une mauvaise réputation dont la plupart du temps n'est pas méritée. Alors, que peuvent les politiciens faire pour améliorer cette situation? D'abord, ils devraient utiliser les réseaux sociaux afin qu'ils puissent communiquer avec les jeunes qui méprisent plus que les aînés pour réparer les liens.

2) Traduisez le passage en français. (10 Points)

Yesterday in Paris there was another demonstration of the yellow vests against the government's proposals concerning the decrease of the spending power. The protest started peacefully except for some minor scuffles, but the situation escalated later on. Union leaders were once again meeting with the Prime Minister so that they can overcome the deep disagreement on the current proposal. The demonstrators claim that they will not stop until their demands are accepted.

Correction

1)

Nous voulons	we want
que nos politiciens	that our politicians
nous disent la vérité.	tell us the truth.
Cependant, les gens	However, people
de moins en moins ont	have less and less
un bon avis	good opinion
sur la classe politique.	about the political class.
Les gens font confiance	People trust
aux docteurs et aux enseignants,	doctors and teachers
mais les politiciens ont	but politicians have
une mauvaise réputation	bad reputation
dont la plupart du temps n'est pas méritée.	which most of the time is not deserved
Alors, que peuvent les politiciens faire	Therefore, what politicians can do
pour améliorer cette situation?	to improve this situation?
D'abord, ils devraient utiliser	First of all, they should use
les réseaux sociaux	social networks (media)
afin qu'ils puissent communiquer	in order to be able to communicate
avec les jeunes qui méprisent	with youth who hate them
plus que les aînés.	more than the elders
pour réparer les liens.	to repair the links.

2)

Yesterday	Hier	
in Paris there was	, à Paris il y avait	
another demonstration	une autre manifestation	
of the yellow vests	des gilets Jaunes	
against the government's proposals	contre la proposition du gouvernement	
concerning the decrease	en ce qui concerne la baisse	Accept: conernant
of the spending power.	du pouvoir d'achat	
The protest started	. La manifestation a commencé	
peacefully except for	paisiblement à l'exception	Accept: en paix
some minor scuffles,	des rixes mineures	Accept: bagarres
but the situation	mais la situation	Accept: a dégénéré
escalated later on.	s'est intensifiée.	
Union leaders	Les leaders des syndicats	
met once again with the Prime Minister	ont rencontré encore une fois avec le Premier Ministre	
so that they can overcome	pour qu'ils puissent surmonter	
the deep disagreement	le désaccord profond	
on the current proposal.	de la proposition actuelle.	
The demonstrators	Les manifestants	
claim that they will not stop	revendiquent qu'ils ne s'arrêteront pas	Accept: ils ne vont pas s'arrêter.
until their demands are accepted.	jusqu'à ce que leurs demandes soient acceptées.	

L'immigration

1) Traduisez le passage en anglais. (10 points)

En général, l'immigration est motivée par une grande désespérance dans son pays qui caractérise le rêve d'Europe parfois surestimé par ces populations migrantes. Ce n'est plus une immigration de travail mais une immigration de désespoir. Aussi, de plus en plus d'immigrants aujourd'hui sont des demandeurs d'asile qui souvent deviennent des clandestins.
Depuis 10 ou 20 ans, l'immigration occupe régulièrement le devant de la scène politique pour donner lieu à des débats passionnés.

Depuis les années 1950, la France a connu des vagues d'immigration provenant non seulement des pays d'Europe mais aussi du Maghreb et d'Afrique noire.

2)   Traduisez le passage en français. (10 points)

On the day after the announcement of another increase in the number of illegal immigrants in France, the supporters of the National Front gathered in the shopping streets of Calais to criticise the lack of action of the French government. About 50 people belonging to pro-migrant groups also arrived in the streets of the port. Several brawls broke out in this atmosphere of tension and despair regarding the immigration problem. Reinforcement were sent in from police headquarter and more than 20 people were arrested, the situation remains worrying.

Correction

1)

En général, l'immigration est motivée par	In general, immigration is motivated by
une grande désespérance dans son pays	high despair in their countries
qui caractérise le rêve d'Europe	which characterises the dream of Europe
parfois surestimé par	sometimes over-estimated by
ces populations migrantes	these migrants' populations.
. Ce n'est plus une immigration de travail	It is no longer labourer immigration
mais une immigration de désespoir.	but an immigration of despair.
Aussi, de plus en plus d'immigrants	Also, more and more immigrants
aujourd'hui sont des demandeurs d'asile qui	are asylum seekers today which
souvent deviennent des clandestins.	often, they become illegal.
Depuis 10 ou 20 ans,	For 10 or 20 years
l'immigration occupe	immigration occupies
régulièrement le devant de la scène politique	the front political scene regularly
pour donner lieu	to give place
à des débats passionnés.	to passionate debates.
Depuis les années 1950,	Since the years 1950.
la France a connu	France has known
des vagues d'immigration provenant	wave of immigrants coming
non seulement des pays d'Europe mais aussi	not only from European countries but also
du Maghreb et d'Afrique noire.	Of Maghreb (North Africa) and black Africa.

2)

On the day	Le jour	
after the announcement of	après l'annonce d'	
another increase in the number	une autre augmentation	Accept: une hausse
of illegal immigrants in France,	des immigrés clandestins en France,	Accept: illégals
the supporters of	les supporteurs du	
the National Front gathered	Front National se sont rassemblés	
in the shopping streets of Calais	dans la rue commerciale de Calais	
to criticise the lack	pour critiquer le manque	
of action of the French government.	d'action du gouvernement français.	
About 50 people	Une cinquantaine de personnes	
belonging to pro-migrant groups	appartenant aux groupes pro-migrants(en faveur des immigrés)	Accept: qui appartiennent
also arrived in the streets of the port.	sont arrivés aussi dans la rue du port.	
Several brawls	plusieurs rixes	Accept: baggares
broke out in this	sont éclatés dans cette	
atmosphere of tension and despair	atmosphère de tension et de désespérance	accept: ambiance
regarding the immigration problem.	concernant le problème d'immigration.	Accept: en ce qui concerne
Reinforcement were sent in	Des renforts étaient envoyés	
from police headquarter and more than	du quartier général de la police et plus de	
20 people were arrested,	20 personnes étaient arrêtées,	
the situation remains worrying.	La situation reste inquiétante.	

Vocabulary

Family

la famille monoparentale = single parent family
la famille recomposée = blended family
la famille homoparentale = homosexual family
la famille élargie = extended family
la famille nucléaire = traditional family
la vie privée = private life
la banalisation = rendering common/less important
la cohabitation = living together / alongside
cohabiter = to live together
la vie familiale = family life
le bonheur = happiness
le comportement = behaviour
se comporter = to behave
le concubinage = living with a partner
le conjoint = husband /spouse
le contrat = contract
le bilan = assessment
le droit = right
emménager = to move in
l'enfant (m) adopté = adopted child
le taux de divorce = divorce rate
l'enquête (f) = survey
l'époux(-se) (m/f) = husband / wife / spouse
l'étape (f) = stage
l'évolution (f) = development
fonder une famille = to build/start a family
fidèle = faithful
la fidélité = faithfulness
la génération = generation

l'homosexualité (f) = homosexuality
important(e) = important
heureux(-euse) = happy
malheureux(-euse) = unhappy
le mariage = marriage
se marier = to get married
le même sexe = same sex
le mode de vie = way of life
le pacs = civil partnership
le / la partenaire = partner
se protéger = to protect oneself
réagir = to react
la relation = relationship
religieux(-se) = religious
remplir = to fill
la rupture = break-up
la société = society
la tendance = trend
traditionnel(le) = traditional
la vie commune = living together
l'indépendance (f) = independence
l'individu (m) = individual
l'égalité (f) = equality
l'inégalité (f) = inequality
inutile = useless
le beau-père = step-father
la belle-mère = step-mother
célibataire = single
la compagne = female partner
le compagnon = male partner
le comportement = behaviour
l'échec (m) = failure

s'entendre = to get on
grandir = to grow up
s'habituer à = to get used to
en hausse = on the rise
le lien = link
le phénomène = phenomenon
le conflit = conflict
la dispute = argument
profiter de = to make the most of
quotidien(ne) = daily
se séparer = to separate
le soutien = support
le taux de divorce = divorce rate
utiliser = to use
l'ambition (f) = ambition
apprécier = to like, appreciate
l'autorité (f) = authority
briser = to break
le chômage = unemployment
se dérouler = to take place
embêtant = annoying
l'époque (f) = time / era
l'espace (m) = place / space
fournir = to provide
le foyer = household
négliger = to neglect
partager = to share
la personne âgée = elderly person
punir = to punish
le rapport = relationship
la responsabilité = responsibility
rêver = to dream

la stabilité = stability
le taux de natalité = birth rate

La cyber-société

l'appareil (m) = device
les dangers = dangers/risks
l'achat (m) en ligne = online purchase
envoyer = to send
branché = connected
actualiser = to update
la mise à jour = the update
combattre = to fight
lutter = to fight
la cyberintimidation = cyberbullying
la cybercriminalité = cyber crime
diffuser = to broadcast
éliminer = to eliminate
fiable = trustworthy
le fichier = file
la fraude = fraud
le harcèlement = bullying/harassment
l'internaute (m / f) = internet user
intervenir = to intervene
l'intrusion (f) = intrusion
la liberté = freedom
le logiciel = software
majeur(e) = adult (over 18)
mineur(2) = minor (under 18)
manipulateur(-trice) = manipulative
la manipulation = manipulation
le mot de passe = password

la politique = Policy
promouvoir = to promote
réel(le) = real
se répandre = to spread
le reportage = report
le risque = risk
la sécurité = Security / safety
se servir de(utiliser) = to use
surveiller = to monitor
télécharger = to download
la victime = victim
accéder à = to access
l'apprentissage (m) = learning process
le contact = contact
le cerveau = brain
communiquer = to communicate
les connaissances (fpl) = knowledge
la connexion= connection
créer = to create
la disponibilité = availability
la distraction = entertainment
les données (fpl) = data
les informations (fpl) = data
les renseignements (mpl) = information
échanger = to exchange
en ligne = on line
s'exprimer = to express oneself
faciliter = to facilitate
indispensable = essential
primordial = essential
essentiel = essential
joignable = reachable

niveau = level
nuisible = harmful
numérique = digital
l'ordinateur (m) portable = laptop
un téléphone portable = mobile phone
l'outil (m) = tool
participer à = to take part in
puissant(e) = powerful
le rapport = relationship
se rendre compte de = to realise
le réseau = network
les réseaux sociaux = social networks
le serveur = server
simplifier = to simplify
le site (web) = (web)site
la Toile = web
l'usage (m) = usage
accro = addict
actuellement = currently
consacrer = to dedicate
la démocratie = democracy
dépassé/ démodé = out of date
un entretien = interview
frequenter = to visit
grâce à = thanks to
gratuity = free
l'identité (f) = identity
interdire = to forbid
joinder = to reach
se multiplier = to multiply
obligatoire = compulsory
progresser = to make progress

| proposer = to suggest |

Le bénévolat

agir = to act
réagir = to react
le cadre = framework
la compétence = skill
le conseil = advice
défavorisé = underprivileged
le défi = challenge
le diplôme = qualification
effectuer = to carry out
l'enseignement (m) = teaching
l'enseignant (prof) = teacher
la gestion = management
l'implication (f) = involvement in
le parcours = pathway / experience
le poste = position
la qualité de vie = quality of life
la relation = rapport/relationship
le / la salarié(e) = paid employee
le service civique = civic service
voie = route
améliorer - to improve
l'association (f) caritative = charity
l'atout (m) = asset
le bénévolat = voluntary work
le / la bénévole = volunteer
le caractère = personality
consacrer = to commit
la croissance = increase

la montée = climb / increase
en hausse = increasing
le / la demandeur(-euse) = job-seeker d'emploi
diriger = to manage
l'égoïsme (m) = selfishness
égoïste = selfish
l' engagement (m) = commitment
enrichissant = enriching
s'inscrire = to sign up/ to subscribe
le membre = member
la misère = misery
la mission = assignment
l'occasion (f) = opportunity
occasionnel(le) = casual
la rémunération = pay
la retraite = retirement
le / la retraité(e) = retired person
le / la volontaire = volunteer
la volonté = willpower
viser = to target
l'abri (m) = shelter
sans-abri = without shelter/homeless
SDF = homeless
accueillant = welcoming
adhérer à = to subscribe/ to sign up
l'ambiance (f) = atmosphere
l'analphabétisme (m) = illiteracy
l'illettrisme (m) = illiteracy
le besoin = need
le bidonville = shanty town
la chaleur = warmth

compris(e) = included
le décrochage scolaire = dropping out of school
démontrer = to demonstrate
démuni(e) = deprived
disponible = available
le don = donation
l'espoir (m) = hope
l'exclu(e) = excluded person
éprouver = to experience
évoluer = to progress, evolve
le fléau = scourge
les fonds (mpl) = funds
fournir = to provide
l'hébergement (m) = accommodation
insalubre = unclean/unhealthy
propre = clean
sain = healthy
sale = dirty / unclean
le justificatif = supporting document
livrer = to deliver
le / la mal-logé(e) = person without adequate housing
marginalisé(e) = marginalised
les paroles (mpl) = words
le petit boulot = odd job
quotidien(ne) = daily
le rendez-vous = appointment
le secours = assistance
sensibiliser = to make aware
sentir = to feel
soutenir = to support

Le patrimoine

l'abonnement (m) = subscription
s'abonner = to subscribe/ to sign up
s'inscrire = to sign up
accompagné = accompanied
l'agglomération (f) = urban district
ancien(ne) = old
l'artisanat (m) = arts and craft
l'atelier (m) = workshop
attirer = to attract
augmenter = to increase
le bien = goods / possessions
au bout des doigts = at your fingertips
la carte = map /plan
célèbre = famous
connu(e) = famous
renommé = well-known
le concepteur = creator
la confection = the making
la découverte = discovery
l'échange (m) = exchange
emblématique = symbolic/emblematic
émerveiller = to enthral
l'époque (f) = time, period
l'événement (m) = event
la façade = facade/ the front of
au fil du temps = over time
flâner = to wander
se balader = to wander/ to stroll
inscrire = to record (details)
la journée = a day
léguer = to leave to

l'œuvre (f) = work
le patrimoine (immatériel) = intangible heritage
le patrimoine (matériel) = tangible heritage
la préservation = preservation/conservation
protéger = to protect
la restauration = restoration
la richesse = wealth
le quai = quay
la rive = (river) bank
la digue = sea wall/dam
le bateau-mouche = tourist river boat
le siècle = century
la décennie = decade
songer = to think of
le trésor = treasure
triste = sad
la visite (guidée) = (guided) visit
l'accroissement (m) = growth
l'accueil (m) = welcome
l'ambiance (f) = atmosphere
assister = to attend
le chantier = building site
l'endroit (m) = site, place
entourer = to surround
l'expo(sition) (f) = exhibition
la fermeture = closure
la fréquentation = visit
la grotte = cave
incroyable = incredible
le lieu = place
littoral = coastal
mener = to lead
l'œuvre (f) = work

la navette = shuttle
la passerelle = foot bridge
le paysage = landscape
la perte = loss
la reconstitution = reconstruction
rentable = profitable
sauvegarder = to safeguard
sensible = sensitive
le séjour = stay
le succédané = substitute, succedaneous
la sur-fréquentation = over-visiting
l'Unesco (f) = United Nations Educational, Scientific and Cultural Organisation

La Musique francophone

le début = the start
la démarche = approach
se détendre = to relax
en direct = live
diffusion = broadcast
la diffusion en continu = streaming
distinguer = to distinguish
divertir = to entertain
le divertissement = entertainment
le don = gift, talent
l'échelle (f) internationale = international scale
l'enregistrement (m) = recording
envisager = to foresee
évoluer = to evolve
les goûts (mpl) musicaux = musical tastes
l'hommage (m) = tribute
l'innovation (f) = innovation

lier = to link
le mélange = mix
le nom de scène = stage name
la notoriété = notoriety/fame
les paroles (fpl) = lyrics
rater = to miss
la reprise de chanson = cover version
la vedette = star
les ventes (fpl) = sales
l'affichage (m) = display
à l'aise = at ease
la colère = anger
débuter en grand = to start in style
ému = moved emotionally
l'entretien (m) = interview
les nouveautés (fpl) = new things
remercier = to thank
les répétitions (fpl) = rehearsals
ressentir = to feel
soulager = to soothe
la tournée = tour
le concours = competition
en déclin = in decline
le domaine = field
la menace = threat
des milliards = billions
des millions = millions
des milliers = thousands
la musique numérique = digital music
le refrain = chorus/refrain

Le cinéma

l'actualité (f) = the news
l'avant-première (f) = preview
la bande annonce = trailer
dépasser = to exceed
durable = lasting
échouer = to fail
exposer = to exhibit
intégré = integrated
l'intérêt (m) commun = common interest
manquer de moyens = to lack the means
le moment clef/clé = key moment
posséder = to possess
remettre en question = to question
la rencontre = meeting
restaurer = to restore
la salle de projection = projection room
la série télévisée = television series
la soirée thématique = themed evening
le tapis rouge = red carpet
le festival du film = film festival
le prix = prize
atteindre = to attain
captivant = captivating
émouvant = moving
éffrayant = terrifying
intriguant = intriguing
imprévisible = unpredictable
mémorable = unforgettable
décevant = disappointing
drôle = funny
convaincant(e) = convincing

crédible = believable
caractérisé par = characterised by
la carrière = career
le casting = casting
le cinéphile = cinema lover
bien connu(e) = well-known
célèbre = famous
demeurer = to remain
démodé = old fashioned
désormais = from now on/henceforth
évoquer = to evoke
la mise en scène = mise en scene/staging
orienté vers = aimed at
le plan (film) = shot (film)
le / la réalisateur(-trice) = director
le metteur en scène = director
la subtilité = subtlety
le trucage numérique = digital effects/digital manipulation
la vente de billets = ticket sales
vide = empty
attendu = expected
l'applaudissement (m) = applause
le cinéaste = filmmaker
le court-métrage = short film
le long-métrage = feature length film
déclencher = to start
la durée = length
l'écran (m) = screen
l'exposition (f) = exhibition
le mode de règlement = means of payment
le montage = editing
le tournage = filming, shooting

Les marginalisés

améliorer = to improve
l'attache(f) = link
le défi = challenge
accueillant(e) = welcoming
coexister = living together
l'apport = contribution
la colocation = flat sharing
la compétence(f) = skill
construire = to build
contester = to contest/to argue
le contrôle = the control/the check
conduire à = to lead to
mener à = to lead to
l'assimilation(f) = integration
franchir = to cross
s'empirer = to get worse
indiscuttable = unquestionable
incontestable = unquestionable
flgrant = clear/evident
inéluctable = ineluctable/inevitable/inescapable
inexorable = inexorable/impossible to prevent
insoluble = insoluble/impossible to solve
se manifester = to show
décourager = to discourage
l'objectif = objective/aim
le droit d'asile = right of asylum
paisible = peaceful
le respect = respect
la tolérance = tolerance

partager = to share
enrichir = to enrich
l'enrichissement(m) = enriching
la richesse = wealth
la reconaissance = recognition
une perte = loss
prévoir = to forsee
songer = to think about
valoriser = to value
permettre = to allow/permit
mettre fin = to put an end
la racine = root
l'équilibre(m) = balance
sain(e) = healthy
équilibré = balanced
favoriser = to favour
exercer une influence = to exert an influence
au fils du temps = as time goes by
à la fois = at the same time
sensibiliser = to raise awarness
souhaitable = desirable
soutenir = to support
tenir à = to hold on to

La criminalité

la délinquance = crime, criminality
fournir = to provide
parvenir = to succeed
entraîner = to entail, to lead to
aboutir = to end up

le délit = offence
une infraction = breach, infringement
enregistré = recorded
la voie publique = public highway
le taux d'élucidation = clear-up rate
le semestre = term (of six months)
une atteinte = attempt, attack
les biens = goods/ property
le cambriolage = burglary
la récidive = reoffending
dissuader = to deter
à peine = hardly
engorgé = overcrowded
apaiser = to quell/to appease
une échelle = scale
le dispositif = measure/ arrangement
mettre en place = to put in place
le milieu = environment, background
la délinquance (juvénile) = (juvenile) delinquency
frapper = to hit
le viol = rape
le meurtre = murder
le chantage = blackmail
la fraude = fraud
l'escroquerie (f) = swindle
une émeute = riot
une manifestation = demonstration
la bagarre = fight/scuffle
une rixe = scuffle
le détournement de fonds = embezzlement
homicide involontaire = manslaughter
le crime passionnel = crime of passion

le blanchiment = money laundering
le vol = theft
le vol à main armé = armed robbery
le vol à l'étalage = shop lifting
le cambriolage = burglary
un enlèvement = kidnapping
le racket = extorsion
la victime = victim
la cible = target
le décès, la mort = death
le voyou = hooligan, yob
un attentat = murder attempt
le trafic des stupéfiants/drogues = drug trafficking
un traficant, un dealer = dealer, trafficker
tirer sur = to shoot
abattre = to shoot (dead)
s'enfuir, fuir = to flee, run away
se sauver = to run away
le meurtrier = murderer
suspect = suspicious/ suspect
mortel(le) = fatal/deadly
impliqué = involved
un pyromane = arsonist
incendier = to set fire to
un coup de feu = gunshot
la bande = gang
une soirée arrosée = an evening spent drinking
une tentative de suicide = suicide attempt
un flingue/pistolet = gun (slang)
un couteau = a knife
poignarder = to stab
un flic/un poulet = police officer(slang)

la procédure judiciaire	= legal system
la cour (de justice)	= court
l'audience	= hearing
une affaire	= case
le procès	= trial, case
le décret	= decree
le parquet	= public prosecutor's department
la défense	= defence
les poursuites (f)	= prosecution
la plainte	= complaint
l'inculpation (f)	= charge
un inculpé	= charged person
la déposition	= sworn statement
le témoin	= witness
le témoignage	= evidence
la preuve	= proof
le jugement	= verdict
la condamnation	= sentence
la peine	= sentence
la peine de mort	= death penalty
l'appel (m)	= appeal
le détenu/le prisonier	= prisoner
la réclusion à perpétuité	= life imprisonment
faire un procès à	= to take proceedings against
poursuivre en justice	= to take to court
engager un procès contre	= to take action against
déposer plainte	= to lodge a complaint
porter plainte	= to lodge a complaint
le juge d'instruction	= examining magistrate
l'accusé	= the defendant
l'inculpé	= the accused
le procureur (de la République)	= Public Prosecutor

plaider coupable = to plead guilty
acquitter = to acquit
décharger = to acquit/discharged
infliger (une peine) = to impose a penalty
faire appel - to appeal
se prononcer = to reach a verdict
reconnaître coupable = to convict
juridique = legal
mettre en examen = to charge
légitime = legitimate, legal
condamné = convicted

Les ados et le droit de vote

abaisser = to lower
accorder = to give/grant
l'âiné (e) = elder
d'antan = a long ago
l'apathie = apathy/stong indifference
l'assemblée nationale/parlement = French assembly/ parliament
autonome/independent(e)= autonomous/independent
le bulletin de vote = ballot paper
la carte éléctorale = voter registration card
le taux de participation = turnout rate
le conseil= council/ committee/board
demeurer/rester = to remain
le député = MP
dissoudre = to dissolve
le droit = the right
la droite= the right wing (Political standing point)
les centriste = in/of the centre
la gauche = the left wing

ébranler = to weaken/to shake
l'électeur/l'électrice = voter
élevé(e) = high
élire = to elect
l'homme politique/la femme politique = politician
le/la politicien(ne) = politician
la loi = the law
le milieu = the environment
le militant = activist
le parti politique = political party
plafonner = to reach the highest point
ponctuel(le) = seasonal/one off
le pouvoir = the power
la prémajorité = before full electoral maturity
le quinquennat = five-year term of office
réclamer = to demand/to claim
revendiquer = to claim
la revendication = claim
le suffrage = suffrage/ vote
le scrutin = ballot/election
la tranche = slice/bracket/group
l'urne = ballot box
la voix = the voice/vote
donner ma voix = to vote
vote blanc = when you give an empty envelop
l'abstention = abstention
remporter = to win
gagner = to win
adhérer à/s'inscrire = to subscribe/join/be a member of.
la conscience politique = political awareness/consciousness
en décalage = out of step/out of touch
la deception (Etre déçu) = disappointment

le devoir = the duty/obligation
éclater = to burst/to break out
effectuer = to carry out
la force = strength
forcément, nécessairement = necessarily, inevitably
le Front National = National Front (Political party)
les préoccupations = concerns
la manifestation/ protestation = protest, demonstration
séduire = to seduce/to charm/to appeal to
soutenir = to support
la subvention = subsidy
supprimer = to remove/to delete/to put an end to
susciter = to stir up
vaincre = to defeat
la volonté = the will
le vote blanc = blank voting slip
le vote nul = ruined voting slip
l'actualité = news, current affairs
actuellement = currently
le bureau de vote = polling station
dadvantage = more
le défi = challenge
le discours = speech
l'échelon = echelon/level/ rank
l'ordre du jour = agenda
l'echec = failure
instaurer = to establish/ to put in place
le statu quo = status quo/ present system
le syndicat = trade union

Manifestation et grèves

l'accord= agreement
désaccord= disagreement
l'acharnement= dodggeness
un adherent(e)/affilié (e)= member
s'affaiblir= to decline, weaken
assister= to attend
aubaine= godsend
bâtir/construire= to build, construct
la companie ferroviaire= railway company
le congé= a leave
convoquer= to summon
la cotisation= contribution, subscription fee
dirigent(e)= manager, director, leader
le dossier= case, file
durée indéterminée= permanment, open ended
encarter/recruiter= to recruit
la function publique= civil service
la formation= training
gêner= to bother
gérer= to manager, deal with
la grille de salaire= pay scale
l'échelon= echelon, rank, level
licencié= dismissed/ graduate
la main d'oeuvre= workforce, labour
pleurnicher= to snivel, whinge
le post= position
les prud'hommes= industrial tribunal
les représailles= reprisals
la reunion= meeting
le syndicat= trade union
verser= to pay in

valider= to approve
battre le pave= to take to the streets
le bienfait= benefit
le blocage= blockade
un cadre= executive
encadrer= to coach someone/ supervise, to police
casseur/casseuse= troublemaker
chômage= unemployment
le décalage= gap, discrepancy
défilé= march
battre le pave= to take to the streets
le bienfait= benefit
un cadre= executive
un cortège= procession
dépasser= to overtake
parcours= route/pathway
le gaz lacrymogène= tear gas
les tractions/négociation= negociation
la bandérole= banner
dépénaliser= decriminalised
interpeller= to arrest
le parquet= public prosecution office/crown prosecution service (CPS)
la précarité= instability, uncertain; unstable; insecure
saluer= to welcome a decision/ to praise/ to salute
l'echauffourée= brawl/scuffle
empêcher= to prevent

Immigration

Acceuillir = to welcome
Acquerir = to get/ acquire
L'immigré (m) = immigrant

Le ressortissant = immigrant
Le Beur = 2nd generation North African
Le Maghrébin = from the Maghreb
Le pays d'accueil = host country
Le travail au noir = "moonlighting"
La frontière = border
Le réfugié = refugee
Le demandeur d'asile = asylum seeker
L'asile = refuge, asylum
L'insertion = integration
Le bidonville = shanty town
L'Hexagone = France
Le mode de vie = way of life
L'hébergement = accommodation
SOS racisme = anti racist organisation
L'extrême droite = the far right
La xénophobie = xenophobia
Les droits de l'homme = human rights
Fuir = to flee
Le centre d'accueil = reception centre
La détention = detention
Se réfugier = to take refuge
S'insérer = to integrate
S'intégrer = to integrate
S'installer = to settle
Rapatrier = to repatriate
Clandestin = illegal (immigrant)
L'immigration clandestine = illegal immigration
En situation irrégulière = without official papers, illegal
Le lieu = place
La durée = period of time
Provenir de = to come from

Lointain = far away
Un asile = asylum
La faiblesse de leurs revenus = their low income
La/la locataire = tenant
Surpeuplé = overcrowded
Davantage = more
Un ouvrier = worker
La décennie = decade
A peine = only just, barely
A l'inverse = on the contrary
Désormais = from now on
La zone frontalière = border zone
Le durcissement = the hardening
Insuffisant = insufficient
Etre soumis à = to be subject to
La prestation sociale = social security benefit
Prévoir = plan
La trêve = truce
Les tsiganes, les Roms = gypsies
La fuite = escape
A rallonge = never-ending
S'égrener = to range from
La viande Halal = Halal meat
Le/la responsable = manager, person in charge
Le CDD: Contrat à Durée Déterminée = fixed-term contract
Le CDI: Contrat à Durée Indéterminée = permanent contract
La racine = root
La banlieue = suburb
Le taux de chômage = unemployment rate
Une embauche = employment
Une émeute = riot
Surgir = to arise

Le quartier = area, neighbourhood
Etre déclenché = to be triggered off
La cible = target
Cibler = to targt
La fonction publique = public service
S'en prendre à = to take it out on, to attack
L'accueil = reception, welcome
La réussite = success
Les minorités ethniques = ethnic minorities
Etranger (-ère) = foreign
La carte d'identité = identity card
La bande = gang
Une attaque raciste = racist attack
Une agression = attack, mugging
Les injures (f) = insults
La peur = fear
La conduite = behaviour, conduct
Le comportement = behaviour
La culture = culture
Lulturel(le) = cultural
Le milieu culturel = social background
Ne pas supporter = to be intolerant of
Tolérer = to tolerate
Supporter = to put up with
Déchaîner = to unleash
Une question épineuse = a thorny issue
Fomenter = to stir up
Provoquer = to provoke
Menacer = to threaten
Intolérant = intolerant
La tolérance = tolerance
Insupportable = intolerable

Le/la lepéniste = supporter of Le Pen
Le Front National = National Front party
De souche = by birth, "pure bred"
Naturalisé = naturalised
Avoir des préjugés = to be prejudiced
Minoritaire = minority (view)
Injurier = to insult
Avoir honte (de) = to be ashamed (of)
La honte = shame
Etre fier/fière (de) = to be proud (of)
La fierté = pride
Revendiquer = to demand/assert
Le genre = kind
Malgré tout = in spite of everything
Avoir du mal à = to have difficulty in
L'inconnu = the unknown
La coutume = custom
Etre à l'abri de = to be safe from
Mépriser = to despise
Le défaut = fault
Lutter = to fight
Triste = sad
Se ressembler = to resemble each other, to be the same

Bonne chance pour les examens!